Dedicado a:

_____

_____

_____

_____

_____

Para: _____

De: _____

Fecha: _____

JVH
PUBLICATIONS

EL REINO DE DIOS

Y LOS REINOS DEL MUNDO

DRS. JOSÉ Y LIDIA ZAPICO

Nuestra Visión

Alcanzar las naciones llevando la autenticidad de la revelación de la Palabra de Dios, para incrementar la fe y el conocimiento de todos aquellos que lo anhelan fervientemente; esto, por medio de libros y materiales de audio y video.

Publicado por
JVH Publications
11830 Miramar Pwky
Miramar, Fl. 33025
Derechos reservados

© 2010 JVH Publications (Spanish edition)
Primera edición 2010
© 2010 José y Lidia Zapico
Todos los derechos reservados.

ISBN 1-59900-059-8

Fotografía de los autores: Jim Midei
Diseño de la portada e interior: Esteban Zapico
Impreso en USA

Contenido

Introducción

La Biblia menciona varios reinos en que la humanidad ha vivido haciendo historia en diferentes épocas y siglos. Estos reinos, sin lugar a dudas, han marcado huellas imborrables en las civilizaciones y las culturas. Documentos y manuscritos se han escrito dando constancias y evidencias, no solamente de sus existencias sino de sus políticas, costumbres y vidas religiosas.

En este libro se demarcará la diferencia que existe entre la diversidad de los reinos que se levantaron en el transcurso de la historia y el establecimiento de perpetuidad del Reino de Dios, de acuerdo con el acontecer profético, basado en la Palabra de Dios.

Todo reino se establece alrededor de un trono, orden y gobierno. Lo que en prioridad vamos a resaltar en este libro es el desarrollo de estos reinos hasta llegar a la culminación del Reino imperecedero que al final de los siglos se establecerá en la tierra y que jamás será derrotado por ningún ejército ni comandante.

El diablo ha ido levantando a través de la historia

de la humanidad diferentes tipos de imperios; sin embargo Dios tiene un Reino sempiterno e indescriptible por la mente humana, sus leyes y establecimiento serán completamente diferentes a las leyes regidas por los otros reinos.

En el transcurso del libro se irán haciendo comparaciones entre la forma sutil que el enemigo ha trabajado para establecer su propio reino y la forma gloriosa y diferente que actúa el Reino de Dios. Todo reino se proclama y se pronuncia con una declaración de victoria. Jesucristo expreso en el principio de su ministerio: *"el tiempo se ha cumplido y el Reino de Dios se ha acercado"*.

Tenemos que entender cuál es la verdadera aplicación en nuestros días, de lo que tiene que ver con el Reino de Dios, y discernir qué clase de reino (los hombres que sirven a Dios) están acercando a los oyentes, en sus predicaciones y enseñanzas. Entenderemos cual es el reino que se procura revelar a la sociedad, a la iglesia, aun en la forma de vivir y en la de relacionarse con los demás.

El Reino de Dios es la manifestación de las "Buenas noticias" llamado el Evangelio del Reino. La Biblia nos habla que Satanás le mostró a Jesús todos los reinos.

"Otra vez le llevó el diablo a un monte muy alto, y le

mostró todos los reinos del mundo y la gloria de ellos, y le dijo: Todo esto te daré, si postrado me adorares." **Mateo 4:8-9**

El enemigo no se conformó con decirle: "si tú te postras y me adoras te entregaré todo este gran imperio de Roma", el no le dijo esto, porque sabía que a Jesús no se le podía engañar simplemente con el presente.

¿Por qué Satanás le mostró todos los reinos?, ¿cuál sería el propósito y el plan que había detrás de todo esto? Lo que Dios nos revela es que si Satanás está dispuesto a perder todos los reinos con tal de ganar la humillación de un rey, significa que ese único reino vale por todos los demás, eso es lo que el mismo Satanás le estaba diciendo a Jesús. El diablo nunca te va a dar algo a cambio de nada. Te invito a reflexionar en este principio que lo puedes usar como un vivo ejemplo de lo que esto significa:

Cuando se hizo el billete de un dólar le pusieron la inscripción que dice: *"En Dios confiamos"*, ¿será este el Dios creador del cielo y de la tierra? ¿O será este el dios dinero, que es el dios mamón? Si exactamente, en ese dios que proclaman las organizaciones y las confraternidades secretas pero no tiene nada que ver con el único y verdadero Dios.

Si fuera así en lugar de estar un triangulo con el ojo del poder de la mente, debería estar una Biblia abierta o por lo menos una antorcha encendida o un resplandor de luz, pero no el ojo del poder mental, ni mucho menos un triangulo que tiene que ver con la masonería, los iluminados y todas las confraternidades secretas que Satanás ha querido establecer sobre el terreno del mundo.

Podemos concluir entonces que en esos reinos siempre se ha movido el espíritu del materialismo, ostentación y vanagloria. Se ha quitado a Dios de los colegios, las plazas, y los lugares públicos, para propagar todo lo que tenga que ver con las filosofías humanísticas. Sin embargo cuando Jesús comenzó su ministerio visible en la tierra el declaro lo siguiente:

"y diciendo: El tiempo se ha cumplido y el reino de Dios se ha acercado; arrepentíos y creed en el evangelio." **Marcos 1:15**

Jesús proclamó el **reino de Dios**. Este era el tema de muchas de las profecías del Antiguo Testamento y el tema era familiar para los oyentes de Jesús, **arrepentíos y creed** son actos de fe. Cuando una persona acepta el único objeto de fe digno y verdadero, esa persona se aparta rápidamente de sustitutos inferiores. Nada ni nadie puede llenar ese vacío en forma de Dios sino

Cristo, **el evangelio** de las buenas nuevas acerca de Jesucristo, en este caso como Rey.

Aquí Jesús no se estaba refiriendo a un tiempo en sentido cronológico, sino a un tiempo para la acción decisiva por parte de Dios, con la llegada del Rey, un nuevo periodo en la relación de Dios con los hombres había llegado. Podemos ver aquí dos puntos importantes que se establecen en este texto:

1) **Buscar el tiempo.** Es buscar ese momento, para hacer la obra de Dios. Se necesita conocer el mover de Dios para una hora o momento específico. Dios no se va a mover siempre de la misma manera. Dios tiene la habilidad y la característica de manifestarse en formas inesperadas e inusuales, distinta a la que tú y yo podemos imaginarnos o estamos acostumbrados a ver.

El propósito es entender cuando ha llegado la hora en la cual El decide manifestar lo que quiere establecer; cuando entiendas este principio podrás discernir que llegó el tiempo de la acción de Dios para tu familia, tu hogar, tu matrimonio o para tu iglesia; esto es lo que Dios está revelando a través de su Palabra. Para todo hay un tiempo establecido en la soberanía divina, todo tiene el momento exacto del cumplimiento.

"Todo tiene su tiempo, y todo lo que se quiere debajo del cielo tiene su hora." Eclesiastés 3:1

Lo que resalta este texto son dos palabras tiempo y hora. Por lo general ambas palabras se relacionan con puntos específicos en el tiempo, más que a una continuidad en él. **Debajo del cielo**, es decir la vida debajo del sol, el plano en el que transcurre la vida humana. No dejes que nada te amedrente ni te desanime, nada te puede conmover la base de tu fe, ninguna mentira del diablo te puede hacer sucumbir, porque cuando el menos lo espere, llegara el momento de la intervención de Dios, y por medio del Espíritu Santo y la autoridad de Jesucristo te dirá que "tu tiempo ha llegado y nadie podrá detenerte".

2) **Todo tiene un tiempo de cumplimiento**: Cuando Dios se acerca a ti el diablo comienza a temblar, porque cuando El Señor se aproxima a ti es para algo.

Dice la Biblia que hay tiempo de plantar y tiempo de arrancar lo plantado, es decir no podemos arrancar cuando estamos plantando, ni podemos plantar cuando estamos arrancando; hay algunos que quieren hacerlo de esta forma y esto es sumamente peligroso, porque cuando tú estás plantando no puedes arrancar al mismo tiempo, recuerda que si lo haces incorrectamente tendrás incapacidad de fruto, no habrá fruto porque todo lo que tu siembres tienes que esperar una etapa de tiempo para que germine y de el fruto necesario.

Existen muchos que caminan y viven sin rumbo, sin brújula, se desesperan porque quieren plantar hoy y cosechar mañana. Cuando tú vas de iglesia en iglesia tu estas en el proceso de arrancar y arrancar, de plantar y arrancar y Dios dice: plántate y espera, porque si no esperas tú abortas, y al arrancar algo que no tiene fruto tendrás la incapacidad de producir resultado en el área donde Dios te va a poner.

Cuando alguien quiere hacer algo y no es su tiempo, regularmente es arrancado, por no hacerse en el tiempo correcto.

La hora de Dios nos envuelve y cuando llega el momento que Dios dice ahora, por ahí debes de entrar. Mientras eso no suceda debes estar tranquilo en reposo y en quietud en el lugar donde estas.

Por lo tanto surge la gran pregunta nuevamente: "¿Que reino estas acercando a tu vida, que fruto estas dispuesto a dar y que cosecha has decidido recoger?" La Biblia habla de los diferentes reinos que Satanás le mostró a Jesús para ser tentado, entonces esto da a entender que hay varios reinos.

"Otra vez le llevo el diablo a un monte muy alto, y le mostró todos los reinos del mundo y la gloria de ellos," **Mateo 4:8**

Cristo reprendió al diablo por pedir que lo adorara, una tentación a hacer exactamente lo contrario de lo que cada israelita estaba llamado a hacer. Con respecto a Jesús, Satanás estaba ofreciendo una corona sin una cruz. La experiencia de Jesús sirve como patrón para la guerra espiritual de hoy día. Jesús *resistió* a Satanás, luego Él *derrotó* a Satanás con un uso consistente y significativo de las Escrituras. Por otra parte Satanás le ofrece a Cristo una manera fácil de llegar a ser Rey. Como príncipe de este mundo, Dios le ha permitido a Satanás ciertos límites de control sobre sus reinos; pero en el *Salmo 2.6–9*, Dios ya le ha prometido estos reinos a Cristo.

"Pero yo he puesto mi rey sobre Sion, mi santo monte. Yo publicaré el decreto; Jehová me ha dicho: Mi hijo eres tú; Yo te engendré hoy. Pídeme, y te daré por herencia las naciones, y como posesión tuya los confines de la tierra. Los quebrantarás con vara de hierro; Como vasija de alfarero los desmenuzarás." **Salmo 2:6-9**

Cristo derrotó a Satanás con el poder de la Palabra; esto a la vez te hace recordar que lo que quieras adorar se convierte en el dios al que sirves. Si una persona adora al dinero, vive para el dinero y le obedece. Si adora a Dios, vivirá para Él y le obedecerá. No puedes hacer ambas cosas, es importante saber que un día en el futuro, Satanás entregará los reinos al anticristo, pero Cristo vendrá para tomar estos reinos y establecerá el suyo por mil años.

Las escrituras **marcan 6 reinos de importancia y relevancia en el transcurso del tiempo** en que la humanidad ha atravesado. Podrás entender la aplicación y significado espiritual de cada uno de ellos, entonces comprenderás que **reino estas dispuesto a permitir que se acerque a tu vida una vez que hayas terminado de leer este libro.**

CAPITULO 1

EGIPTO

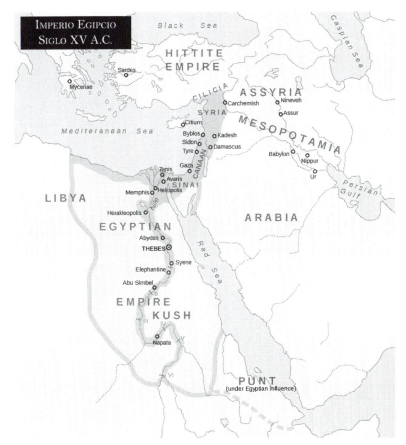

IMPERIO EGIPCIO
SIGLO XV A.C.

"**Y** murió José, y todos sus hermanos, y toda aquella generación. Y los hijos de Israel fructificaron y se multiplicaron, y fueron aumentados y fortalecidos en extremo, y se llenó de ellos la tierra. Entretanto, se levantó sobre Egipto un nuevo rey que no conocía a José; y dijo a su pueblo: He aquí, el pueblo de los hijos de Israel es mayor y más fuerte que nosotros. Ahora, pues, seamos sabios para con él, para que no se multiplique, y acontezca que viniendo guerra, él también se una a nuestros enemigos y pelee contra nosotros, y se vaya de la tierra." Éxodo 1:6-10*

Uno de los reinos antiguos más organizados que menciona la Biblia es el de Egipto.

Los hijos de Israel llegaron a parar a Egipto porque un hombre llamado José, quien era temeroso de Dios, alcanzó una posición estratégica en el gobierno para el tiempo específico en el que hubo un periodo de hambre en la tierra. Dios le dio a José la revelación de cómo suplir la necesidad de comida de Egipto y de las demás naciones que vinieran a comprarle de sus graneros. A consecuencia de esta hambruna Jacob y sus hijos emigraron a la tierra de Egipto y se produjo el encuentro relatado en la Biblia.

José deseaba lo mejor para sus hermanos y su Padre; por eso le agradó que su familia viniera a vivir a Egipto, para que disfrutaran de prosperidad y tranquilidad en lugar de vivir en tiendas en el desierto de Canaán. José nunca se imagino lo que sucedería más tarde a su pueblo en este lugar. La Biblia dice que murió José y toda esa generación, pero los hijos de Israel se multiplicaron en gran manera y llegaron a ser cada vez más fuertes.

> **Al diablo no le preocupa cuanto tú tengas, a él le preocupa cuan fuerte eres en Dios.**

Dice la Palabra que entonces la tierra se lleno de ellos y eran fuertes. Todo fiel cristiano tiene que ser fuerte, porque la gente que Dios va a usar en esta hora profética tiene que ser esforzada y valiente. Relata la Biblia que después que José y toda su generación murió, se levantó otro rey sobre Egipto que no había conocido a José y dijo:

"He aquí, el pueblo de los hijos de Israel es mayor y más fuerte que nosotros." Éxodo 1:9

El nuevo rey dispuso que sobre ellos hubiera capataces que los oprimieran con trabajo duro.

"Entonces pusieron sobre ellos comisarios de tributos que los molestasen con sus cargas; y edificaron para Faraón las ciudades de almacenaje, Pitón y Ramsés." Éxodo 1:11

> **Lo primero que te hace "el reino de Egipto" es arrancarte tu comida espiritual y privarte de las armas espirituales.**

Faraón mando a construir dos ciudades para almacenar comida, una se llamaba Pitón y la otra Ramsés. La palabra "pitón" significa *opresión;* esto es lo que la serpiente con este mismo nombre le hace a su víctima, después de enrollársele la exprime y la mata por asfixia para luego tragársela entera. Faraón hacía lo mismo con el pueblo Israelita, lo oprimía para enriquecerse y levantarse así con gran poderío. Su objetivo era acumular riquezas robando el derecho a cualquier hebreo esclavo de utilizarlas.

Vemos entonces que el primer almacenaje fue para traer opresión, porque cuando no hay comida, no hay alimento, y cuando no hay lo necesario para nutrir el cuerpo entonces hay hambre y escasez; esto trae por consiguiente un estado de desesperación y opresión intensa.

Faraón lograba que Israel viviera bajo un estado de esclavitud y castigo bajo el látigo opresor. Cuando Faraón ordeno edificar ese almacén, se activó no solo la orden de un hombre sino a la vez un principado demoníaco.

Es allí donde la fortaleza de pitón tomó posesión de ese lugar y a partir de ese momento todo Israel cayó bajo el espectro y la opresión de Satanás.

> **La primera ciudad construida fue Pitón, ciudad de la injusticia humana, la auto-justificación, el espíritu de adivinación, la serpiente gigante y asfixiadora.**

La segunda orden de Faraón, fue que se construyera otro lugar de almacenaje llamado Ramsés. Ese nombre tiene que ver con la adoración al niño y al sol. Es interesante observar, que esos dos almacenes tienen una revelación profética extraordinaria. Con esos dos principados, el pueblo de Israel iba a ser oprimido e iba a conocer lo que era el rigor y la esclavitud.

El pueblo israelita fue robado en todo lo que trabajo. Les quitaron la comida y las riquezas, por lo tanto se sintieron asfixiados por la opresión y el yugo de esclavitud.

Se debilitaron en su escasa fe, quedando en su vago recuerdo un Dios poderoso que los había sacado del desierto llevándolos a donde habían plenitud de alimentos. De esta manera fueron aminorados en la confianza en Dios, a quién ahora no sentían ni oían. Aquí se pueden ver dos puntos importantes; por un lado estaba la opresión y por otro la falta de liderazgo que los animaría a perseverar en su Dios Jehová, el Dios verdadero.

Podemos ver claramente a través de la amarga experiencia que vivió Israel, como el reino de Egipto oprimió, controlo, intimido y manipulo al pueblo de Dios. Esta no era la voluntad de Dios.

Dios no controla la voluntad del ser humano. El no obliga a nadie a servirle; si lo hacemos es por amor, porque Él nos amó primero.

Cuando pidas una cosa, no lo hagas en forma autoritaria, tienes que saber que no estás en el reino de Egipto, sino en el Reino de Dios y por lo tanto si vas a pedir o demandar algo, enseña, haciéndolo con gozo y alegría. El reino de Egipto dice: ¡Hazlo! ¡Obedéceme!, sino te pegaré con el látigo de la opresión.

Lo primero que Satanás hace en su territorio (lugar donde se le sirve y se le adora, figura del Reino de Egipto) **es asfixiar, oprimir, quitar las finanzas, robar la economía para guardarlo y privarte para que no las utilices.**

Es importante que sepas que cuando tú dejas de diezmar y ofrendar le das más derecho a pitón para que te oprima.

La Biblia dice en Malaquías 4 que cuando tú diezmas y ofrendas, Dios mismo reprenderá por ti al devorador. Este devorador es pitón, el almacén del reino de Egipto; pero cuando tú ofrendas y diezmas ni pitón, ni la bruja, ni la adivina, ni nada que se le parezca, podrá venir sobre tu vida; recuerda que Dios está cuidando de ti, y solo Él te promete multiplicar tu sementera y te dará mucho más abundantemente de lo que hasta ahora hayas recibido.

> **...todo lo que hagáis hacedlo de corazón como para el Señor y no para los hombres.**

La construcción de los almacenes de Pitón y Ramsés trajo opresión y amargura sobre los hijos de Dios. Dice la Biblia que Israel fue obligado a trabajar duramente como esclavos, consiguiendo la paja para hacer ladrillo de barro y todo lo que tenía que ver con el campo. Esta dura labor se les imponía con rigor y crueldad.

Cuando tú actúas bajo un espíritu de provocación para que otra persona se sienta mal contigo, estás actuando como el reino de Egipto. Nunca provoques a nadie a irritarse contra ti; si sabes que la otra persona tiene un carácter fuerte, trata de mantener tu cordura y no le contestes agriamente. Cuando todo esté tranquilo y en su reposo habitual, entonces hablaras y aclararas las cosas.

> **Hay que levantar, motivar, animar a la gente y decirle: "Eres especial para Dios a pesar de los desacuerdos". Evita las murmuraciones, los malos entendidos y las fricciones con los demás.**

La provocación en el reino de Egipto produce amargura. Los hebreos se sentían oprimidos y sus corazones estaban llenos de aflicción. Había un espíritu de abuso y acorralamiento contra ellos; además la persecución y la opresión día a día aumentaba.

▮ Cómo Salir de Egipto

Lo primero es esperar el momento en que Dios intervenga sobrenaturalmente. Jehová había preparado para ellos el momento específico y señalado para librarlos.

El Señor dice en el *Éxodo 3:7*: "*Bien he visto la aflicción de mi pueblo que está en Egipto, y he oído su clamor a causa de sus exactores; pues he conocido sus angustias*".

Dios escucha el clamor y está disponible para salvar y librar a todos aquellos que a Él clamen. Si alguien gime por misericordia, Dios ciertamente escuchará y lo sacará de su opresión. Dios se mueve por compasión, ¿acaso si sus hijos le piden al Padre, el Espíritu Santo le dará una piedra? Ciertamente no, porque Dios tendrá misericordia de sus hijos, y les dará lo que pidan, solo quiere oír el clamor que salga del alma necesitada.

Cree esto, lo que Dios va a usar para sacarte del reino de Egipto es el clamor de tu alma. Dios quiere que la carne sea afligida. Esto se logra con ayuno, vigilias, oración, madrugadas e intercesión. Así recibirás la respuesta anhelada en el momento oportuno.

Recuerda que Israel salió de Egipto cuando clamó en su aflicción. Clamar delante de la presencia de Dios es lo que Él quiere. Si quieres salir del reino de la opresión para entrar en el Reino verdadero de libertad y amor, tienes que **clamar a Dios de**

verdad.

Otra forma que Dios uso para manifestarse y librar a los hebreos en este caso, fue *el sufrimiento*.

Cuando sientes tu alma sufrir por la necesidad de cambiar y ser diferente a lo que eres, tú estás a punto de salir de Egipto.

Cuando te niegas a vivir con tu carácter imponente; cuando ya no quieres hacer las cosas a tú manera y dices: *"Dios quiero cambiar, quiero ser diferente"*, estás dando un paso gigante para salir de la desesperación, el desánimo, la esclavitud y la depresión. Estás a un paso para ser libre de la opresión del reino de Egipto.

Dios quiere que tengas un clamor y un deseo ferviente por ser libre de la opresión y la esclavitud; estas son las características para salir del reino de Egipto.

▮ *Resumen del Capítulo:*

La opresión estaba sobre los esclavos porque Faraón tenía el objetivo de acumular riquezas y levantar una ciudad poderosa, por eso era "la ciudad de almacenaje".

a) Pitón. /*Pithom*/ significa: "Ciudad de justicia humana". Auto-justificación, y adivinación (compárese con el espíritu de la pitonisa del libro de los Hechos de los Apóstoles).

b) Ramsés. /*Raamses*/ significa: "el niño del Sol". Adoración a /*Ra*/ dios Sol. **Ra** considerado en la <u>mitología egipcia</u> "gran dios". Ra, era tanto el símbolo de la luz solar, dador de vida, como del ciclo de la muerte y la resurrección. Su representación más habitual era la de un hombre con cabeza de halcón, sobre la cual portaba el disco solar.

Según la historia se identificaba Amón-Ra con <u>Zeus</u> o <u>Júpiter</u> reconocido por griegos y romanos. El culto de Amón-Ra se ha relacionado en numerosas ocasiones con el de <u>Apolo</u> de (<u>Roma</u>) por la simbología solar que ambos representan. El disco solar es interpretado por los historiadores como una muestra de la persistencia del antiguo culto a **Ra**.

Debemos de recordar que solo Dios Adonai es denominado como Sol, aunque no se puede comparar la grandeza del creador con su creación (cielo, planetas y estrellas). El es el único digno de llamarse así. *"Porque sol y escudo es Jehová Dios."*

Salmo 84:11

"Los egipcios, pues, obligaron a los hijos de Israel a trabajar duramente". Recuerda esto: El enemigo obliga y somete, el Señor pide que se hagan las cosas de voluntad propia.

*"Y todo **lo que hagáis, hacedlo de corazón**, como para El Señor y no para los hombres."* Colosenses 3:23

*"y les **amargaron** la vida con dura servidumbre en hacer barro y ladrillos y en toda labor del campo y en todo servicio, al cual los **obligaban con rigor**."* Éxodo 1:14

Recuerda que la provocación siempre trae:

a) Amargura

b) Mezcla lo Santo con lo profano

Pero Dios ciertamente escucha el clamor de sus hijos:

Y el Señor dijo: *"Ciertamente **he visto la aflicción de mi pueblo** que está en Egipto, y **he escuchado su clamor** a causa de sus capataces, pues **estoy consciente de sus sufrimientos**."* Éxodo 3:7

a) **Aflicción:** Dios quiere que **aflijamos nuestra carne,** (Ayunos, vigilias), que nos interese salir de Egipto.

b) **Clamor:** Dios quiere que **clamemos en el Espíritu,** que nuestro lamento suba ante Él.

c) **Sufrimientos: Suframos en el alma,** por la necesidad de cambiar de forma de ser, por la necesidad de salir de Egipto. Dios quiere ver estas tres características en cada uno de aquellos que le han conocido, para hacerlos libres de Egipto.

CAPITULO 2

ASIRIA

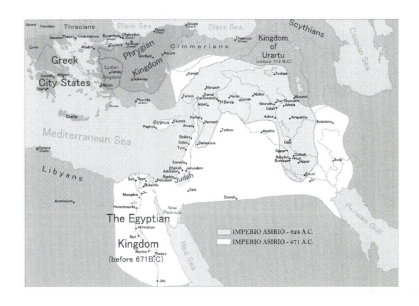

Asiria era un imperio relacionado íntimamente con la historia de los pueblos de Israel y Judá. Ocupó la parte norte del actual Irak entre los ríos Tigris y Éufrates, durante la mayor parte del período que abarca el Antiguo Testamento.

Su nombre es la traducción de la voz hebrea *Assur*, palabra con la cual se señalaba tanto la divinidad pagana, la ciudad y el país, como el imperio, sobre todo en la literatura profética. Sin embargo, Asiria generalmente designa el país y el imperio, y Asur la ciudad y la divinidad.

Asur era el dios nacional de Asiria, y se pensaba que dominaba (junto al resto del panteón) todas las cosas. Cada ciudad tenía su propio templo para adorar al dios local y en los días especiales, los adoradores participaban en ceremonias y procesiones donde se exhibían las estatuas de la divinidad.

Solían usar amuletos para ahuyentar los espíritus malignos que, de acuerdo con sus creencias, causaban daño y provocaban enfermedades.

Además, consultaban adivinos y astrólogos para conocer el futuro, y ofrecían ofrendas a los muertos. En sus comienzos, Asur era apenas la capital de un pequeño distrito codiciado por sus vecinos. Situada en la parte superior de Mesopotamia, sus linderos fueron variando con su importancia. En términos generales, iba desde el norte de Bagdad hasta los lagos Van y Urmia; y de este a oeste se extendía desde los montes Zagros hasta el valle de Habur.

Debido a esta situación geográfica, Asiria estuvo siempre expuesta a infiltraciones tanto de los nómadas como de los montañeses. Asur data del tercer milenio a.c. y se encontraba en la margen derecha del Tigris. Cuando esta perdió importancia, la capital se trasladó a Nínive, frente a Mosul.

Los reyes asirios construyeron grandes palacios y templos en las ciudades más importantes del imperio (por ej., Nínive, Asur y Cala). Los asirios, aunque étnicamente eran el producto de diferentes razas, lingüísticamente eran semitas. Asiria se distinguía sobre todo por su importancia comercial. Archivos encontrados en Capadocia demuestran que Asiria superaba a Babilonia en el aspecto socioeconómico. Con este rey empiezan los dolores de cabeza para los reinos de Israel y Judá. En el año 853, Acab, rey de Israel, organiza una coalición contra Asiria, la cual tiene buen éxito y termina con la derrota de Salmanasar III en Karkar (*1 Reyes 20*).

Sin embargo, las siguientes intervenciones asirias iban a ser funestas para ambos reinos hebreos debido a que Asiria tenía que atender problemas internos, los reinados de Uzías en Judá y de Jeroboam II en Israel pudieron ser largos, pacíficos y prósperos. *Entonces todo el pueblo de Judá tomó a Azarías, que era de dieciséis años, y lo hicieron rey en lugar de Amasias su padre. 2 Reyes 14:21*

Ya con Tiglat-Pileser III (745-727), las cosas vuelven a cambiar en perjuicio de Israel y de Judá. Dice la Biblia:

"...porque Manahem hijo de Gadi subió de Tirsa y vino a Samaria, e hirió a Salum hijo de Jabes en Samaria y lo mató, y reinó en su lugar. [15] Los demás hechos de Salum, y la conspiración que tramó, he aquí que están escritos en el libro de las crónicas de los reyes de Israel. [16] Entonces Manahem saqueó a Tifsa, y a todos los que estaban en ella, y también sus alrededores desde Tirsa; la saqueó porque no le habían abierto las puertas, y abrió el vientre a todas

sus mujeres que estaban encintas. [17] En el año treinta y nueve de Azarías rey de Judá, reinó Manahem hijo de Gadi sobre Israel diez años, en Samaria. [18] E hizo lo malo ante los ojos de Jehová; en todo su tiempo no se apartó de los pecados de Jeroboam hijo de Nabat, el que hizo pecar a Israel. [19] Y vino Pul rey de Asiria a atacar la tierra; y Manahem dio a Pul mil talentos de plata para que le ayudara a confirmarse en el reino. [20] E impuso Manahem este dinero sobre Israel, sobre todos los poderosos y opulentos; de cada uno cincuenta siclos de plata, para dar al rey de Asiria; y el rey de Asiria se volvió, y no se detuvo allí en el país. [21] Los demás hechos de Manahem, y todo lo que hizo, ¿no está escrito en el libro de las crónicas de los reyes de Israel? [22] Y durmió Manahem con sus padres, y reinó en su lugar Pekaía su hijo. [23] En el año cincuenta de Azarías rey de Judá, reinó Pekaía hijo de Manahem sobre Israel en Samaria, dos años." 2 Reyes 15:14-23

En el versículo 37 del mismo capítulo añade:

En aquel tiempo comenzó Jehová a enviar contra Judá a Rezín rey de Siria, y a Peka hijo de Remalías. 2 Reyes 15:37

En Isaías dice:

"Vamos contra Judá y aterroricémosla, y

repartámosla entre nosotros, y pongamos en medio de ella por rey al hijo de Tabeel." Isaías 7:6

Salmanasar V y Sargón II, sitian y destruyen a Samaria y provocan la ruina total de Israel en 722 a.c. Unos 27.000 habitantes de Samaria son llevados cautivos a las regiones montañosas del norte. Después de este triunfo, Sargón arremete contra Acaz y hace de Judá su tributario. *2 Reyes 17.3-6; 18:9*

De ahí en adelante, hasta la caída definitiva de Nínive en 612 a.c.; en todo el Cercano Oriente se impone lo que podría llamarse la Paz Asiria. Abundante material bíblico encontramos en las profecías de Nahúm.

Entre los años 1813 y 1780 a.c.; Asiria alcanzó la categoría de imperio. Fue el primer Imperio Asirio, de la mano del rey Shamshi-Adad I, hasta que en el año 1760 a.c., Hammurabi de Babilonia derrotó y conquistó a los asirios que pasaron a formar parte del Imperio de Babilonia.

Asiria se hizo fuerte y resistió el empuje de estos pueblos, y endureció su ejército que a partir de entonces fue famoso por su crueldad y temido por sus enemigos, de tal manera que al verse amenazados y ante su proximidad no les quedaba más remedio que huir; la gente que quedaba en las aldeas o las ciudades atacadas era masacrada o llevada a Asiria como esclavos. Las ciudades eran saqueadas y después arrasadas, pero no se anexaban al Imperio Asirio.

Los asirios se expandieron hasta Egipto por el oeste y a Persia por el este. Fue una época de esplendor en la que los reyes vivían con gran lujo, ejerciendo un gobierno despótico. El fin del Imperio Asirio se debió a la gran derrota sufrida por sus últimos reyes contra los medos y los babilonios.

El pueblo asirio obedecía a su rey que a la vez era gran sacerdote del dios Assur. El rey era además comandante en jefe del gran ejército que llegaron a tener como pueblo; en teoría era un monarca absoluto, aunque los nobles y gobernantes de las tierras conquistadas asumían casi siempre las decisiones en su nombre.

Asiria se fue convirtiendo en el centro de un nuevo imperio. Los reyes de los pequeños reinos vecinos no tenían otra opción que declararse súbditos del rey asirio y de pagar a modo de regalo grandes cantidades de oro, plata y piedras preciosas. Los asirios eran expertos en abrir galerías subterráneas que llegaban hasta los muros defensivos y trincheras que se situaban frente a las fortalezas. Las expediciones guerreras se llevaban a cabo cada año en la época de la primavera con el rey al frente. La expedición consistía en la invasión de un pequeño reino al mismo tiempo que se procedía a talar el campo.

Se tomaban prisioneros que eran encadenados para llevarlos consigo como esclavos o nuevos súbditos; la crueldad que hicieron gala los asirios estuvo presente desde sus inicios, solo hay que ver su código de leyes, mucho más duro que el de Babilonia o el de los Hititas. Entre los prisioneros siempre había obreros y mujeres. Antes del regreso despojaban la ciudad atacada y le prendían fuego. Después regresaban con un buen botín de guerra que era distribuido entre los soldados.

Los dioses eran muy numerosos en todo el territorio de Mesopotamia. Eran muy parecidos a los hombres en muchos aspectos, pero tenían una autoridad ilimitada. Era común a todos los pueblos de esta región el temor a los dioses. Mesopotamia estaba llena de grandes templos donde los sacerdotes ofrecían sacrificios. Había siempre una construcción mayor, un templo que sobrepasaba en altura a los demás con forma de torre escalonada; es lo que se conoce como zigurat.

La religión en general en toda Mesopotamia no era como la de Egipto, con esperanza en el más allá. Por el contrario se vivía con un temor permanente y miedo a los espíritus malignos y la muerte era muy temida pues el espíritu del hombre se marchaba a una penumbra eterna donde de ningún modo era feliz.

En Asiria el dios principal era Assur que dio nombre a la región, a la tribu y a una ciudad. El símbolo de Assur era el árbol de la vida, pues él era el dios de la vida vegetal. Más tarde cuando Asiria era un imperio militar, Assur se convierte en un dios guerrero y es identificado con el Sol. Su símbolo fue entonces un disco con alas, el mismo que tenían los hititas y que a su vez habían recibido de Egipto. La diosa principal era Isthar, diosa del amor, de la guerra y la fecundidad. Se le daban las advocaciones de "Primera entre los dioses", "Señora de los pueblos", y "Reina del cielo y la tierra" entre otras.

Los dioses mayores que se adoraban en las ciudades eran:

- Anu: Dios del cielo.
- Enlil: Señor de los vientos y tempestades.
- Ea: Señor de las aguas.

El dios sol Shamash era señor de la luz que aseguraba la vida y permitía juzgar las acciones humanas con claridad. Era por tanto el dios de la justicia.

Marduk era un dios de Babilonia, pero fue adoptado y adorado en toda Mesopotamia. Llegó a ser un dios universal, dueño del mundo y primero entre los dioses.

Existían además unas criaturas al servicio de los dioses: los *genios* y los demonios. Su misión era proteger o castigar a los hombres. Estos demonios cuando escarmentaban lo hacían de manera cruel y atormentadora. Podían golpear a los personas convirtiéndose en fantasmas, hombres de la noche, o devoradores de niños.

La Biblia menciona acerca de este imperio cruel y devastador; era un reino que destruía todo lo que encontraba a su paso, y practicaba toda clase de invocación de dioses. *"Contra éste subió Salmanasar rey de los asirios; y Oseas fue hecho su siervo, y le pagaba tributo. Mas el rey de Asiria descubrió que Oseas conspiraba; porque había enviado embajadores a So, rey de Egipto, y no pagaba tributo al rey de Asiria, como lo hacía cada año; por lo que el rey de Asiria le detuvo, y le aprisionó en la casa de la cárcel. Y el rey de Asiria invadió todo el país, y sitió a Samaria, y estuvo sobre ella tres años".* 2 Reyes 17:3-5

El segundo reino mencionado en este pasaje de la Biblia es el de Asiria. Después de la división del reino de Israel, tras la muerte del rey Salomón el reino del norte se conocía como Israel. El reino del sur era Judá. En Israel los reyes hacían lo malo delante de Dios, siguiendo el mal ejemplo de su primer rey, Jeroboam. Secretamente hicieron cosas que no eran rectas contra el Señor su Dios; además, edificaron lugares altos en todas su territorio, desde las torres de atalayas hasta las ciudades fortificadas.

Cuando la gente entra a vivir, espiritualmente bajo el reino de Asiría **lo primero** que este conlleva es a ocultar el pecado. Dice la historia que secretamente estos actuaron escondiendo las verdades y haciendo torres altas.

Cuando la gente es motivada a ocultar su pecado entra en un estado de engaño; no es el Reino de Dios el que está actuando en ellos, sino el de Asiría, así lo dice la Biblia: *porque los hijos de Israel hicieron cosas que no eran rectas delante del Señor su Dios.*

Lo segundo que provoca es la idolatría en medio del pueblo de Dios, no dando la gloria al Señor sino a lo demás. *"Porque levantaron estatuas e imágenes de Acera en todo collado alto y debajo de todo árbol frondoso."*

Lo tercero que provoca el reino de Asiría es poner la confianza en otras cosas menos en Dios.

Características de este reino:

1. Ocultación del pecado.

2. Propagación de la idolatría.

3. Perdida de la confianza en Dios para colocarla en el hombre.

4. Practica continua de todo lo que tenga que ver con el poder del ocultismo.

5. Adoración y veneración a todo lo que es falso e intenta ocupar el lugar que solo le pertenece al único y verdadero Dios.

6. Realzar las fuerzas y habilidades humanas teniendo una autodependencia de lo que el hombre pueda hacer confiando en el mismo.

7. Aplastar y destruir todo lo que sea necesario con tal de ponerse por encima de todo.

Lo cuarto que se manifiesta en este reino es la forma de vivir en desobediencia continúa ante Dios.

Cuando se entra a vivir en el Reino de Dios hay que modificar el estilo de vida. Si se mantienen las mismas costumbres del reino anterior eso dará evidencia que no ha habido cambios.

Si se dice que no se esta más en el reino de Asiria, sin embargo los hechos testifican lo contrario, la persona se está engañando a sí misma. Muchos viven desobedeciendo a Dios y creyendo que están en lo correcto porque según ellos "Dios es un Dios de amor que comprende las equivocaciones", viviendo así en su propio estilo de vida, sin interés de obedecer a Dios ni a la autoridad puesta por El. ¡Cuidado! El reino de Asiria se puede estar manifestando.

▓ *Resumen del Capítulo:*

*"Y los hijos de **Israel hicieron secretamente cosas no rectas contra Jehová su Dios**, edificándose lugares altos en todas sus ciudades, desde las torres de las atalayas hasta las ciudades fortificadas..." 2 Reyes 17:9*

> **La manifestación del reino de Asiria provoca que el pueblo oculte el pecado y construyan lugares altos que nunca le dan la gloria al verdadero y único Dios. Este reino provoca idolatría al pueblo.**

*"y se levantaron estatuas e imágenes **de Asera en todo collado alto, y debajo de todo árbol frondoso, y quemaron allí incienso en todos los lugares altos, a la manera de las naciones** que Jehová había*

traspuesto de delante de ellos, e hicieron cosas muy malas para provocar a ira a Jehová. 2 *Reyes 17:10-11*

Provoca poner la confianza en otras cosas, menos en Dios. Provoca desobediencia a Dios.

*"Y servían a ídolos, **de los cuales Jehová les había dicho: Vosotros no habéis de hacer esto.**"* 2 *Reyes 17:12*

¡Sal prontamente de este reino engañoso!

Tu lo puedes vencer cuando comienzas a darle la gloria y honra al único y solo soberano Dios el Padre, a Jesucristo el hijo y al maravilloso consolador el Espíritu Santo.

CAPITULO 3

EL SUEÑO
DE UN REY

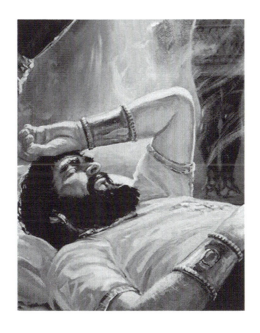

Poco después que Daniel y sus compañeros entraron en el servicio del rey de Babilonia, acontecieron sucesos que revelaron a una nación idólatra el poder y la fidelidad del Dios de Israel.

"En el segundo año del reinado de Nabucodonosor, tuvo Nabucodonosor sueños, y se perturbo su espíritu, y se fue el sueño." Daniel 2:1

Todo comenzó cuando el rey empezó a tener sueños desconcertantes que le impedían dormir apaciblemente; estos sueños le perturbaron de tal manera que el quiso conocer con urgencia su interpretación. El problema era que Nabucodonosor no recordaba los detalles de los mismos.

En su ansiedad y desesperación mando a llamar a todos los sabios, sátrapas y adivinos del reino para que ellos le dieran el significado del sueño. Cabe recordar que desde tiempos antiguos los hombres han pretendido penetrar en los misterios, valiéndose generalmente de supersticiones, suposiciones, tradiciones y misticismos. Los magos, brujos, hechiceros, encantadores, adivinos, y astrólogos caldeos, eran los consejeros espirituales de los monarcas de Babilonia; ellos ostentaban conocer lo oculto y enigmático.

Es por estas razones que el rey no dudó en consultar con ellos en busca de las interpretaciones debidas; de alguna o de otra manera con este fin se les mantenía en la corte y ellos mismos daban la impresión de poseer poderes sobrenaturales. Es muy probable que ellos hayan podido satisfacer con sus respuestas a algunos sueños del rey, pero en este caso la situación se complicaba ya que él no recordaba nada de los mismos y su inquietud por conocerlos era muy grande.

Vale la pena anotar que la astrología era una ciencia importante y bien desarrollada en la antigua Babilonia. Los cielos eran cuidadosamente estudiados para buscar presagios de sucesos futuros. Pero en este caso específico, de nada valieron los esfuerzos de los astrólogos o de todos aquellos que practicaban el arte del ocultismo.

Ante la imposibilidad de poder adivinar detalles

acerca de los misteriosos sueños, los llamados "sabios" babilónicos, intentaron convencer infructuosamente al rey de que la petición que este les hacía no era razonable y que lo que pedía, era una tarea imposible de cumplir:

"No hay nadie en la tierra que pueda decirle al rey lo que sonó. Y ningún rey, por grande y poderoso que sea, jamás pidió tal cosa a sus magos, brujos o astrólogos; por lo tanto, es imposible cumplir con lo que el rey exige. Nadie, excepto los dioses, pueden contar al rey su sueño, pero los dioses no habitan entre los hombres."

Al oír esto el rey con ira y grande enojo, mandó que matasen a todos los sabios de Babilonia. Entre aquellos a quienes buscaban los oficiales que se disponían a cumplir lo ordenado por el decreto real, se encontraba también   Daniel y sus tres amigos (aunque estos jamás fueron llamados a presentarse delante del monarca).

La naturaleza de esta sentencia de muerte, tan repentina y cruel, no era de extrañarse en los reyes de esa época. Cuando a Daniel se le notifico que de acuerdo con el decreto real él y sus amigos debían morir, manejo la situación con sabiduría y discreción. El profeta le preguntó a Arioc, capitán de la guardia del rey, porque Nabucodonosor había emitido un decreto tan severo; Arioc le conto entonces todo lo que había sucedido en la corte, y como ninguno de los sabios babilónicos habían podido cumplir con la demanda del rey.

Daniel gozaba de simpatía y buena reputación ante el capitán de la guardia por las experiencias obtenidas al inicio de su llegada a la corte real, además de que el favor de Dios siempre estaba con él en todo momento. Daniel nunca abandono sus convicciones religiosas, y le servía a Dios aun en el tiempo de su preparación. El Señor siempre lo apoyo a tal punto que Daniel y sus amigos fueron evaluados como 10 veces mejores que los demás.

Daniel, arriesgando su vida, se atrevió a presentarse ante el rey y le pidió que le diera un poco más de tiempo, para comunicarle el significado real de lo que este le pedía; Daniel lo que quería era orarle al Señor para que El le revelase este asunto y le diera su interpretación. El Rey acepto la oferta y le concedió el tiempo solicitado porque no se le había dado la oportunidad que estuviera con los demás sabios de Babilonia. Daniel y sus jóvenes amigos, estaban plenamente seguros y confiados en la dirección divina; ellos conocían al Señor y el medio de alcanzar su respuesta en momentos difíciles, es por eso que aseguró al rey que le diese un poco más de tiempo y que con toda certeza, él le revelaría el sueño al rey.

El primer acto de Daniel fue agradecerle a Dios la revelación que le había dado:

"Entonces alabo al Dios del cielo y dijo: Sea bendito el nombre de Dios de siglo hasta siglo: porque suya es la sabiduría y la fortaleza: y él es el que muda los tiempos y las oportunidades, quita reyes, y pone reyes, da la sabiduría a los sabios, y la ciencia a los entendidos, él revela lo profundo y lo escondido, conoce lo que está en tinieblas, y la luz mora con él. A ti, oh Dios de mis padres, confieso y te alabo, que me diste sabiduría y fortaleza, y ahora me enseñaste lo que te pedimos; pues nos has dado a conocer el asunto del rey." Daniel 2: 20-23

Daniel y sus amigos, podían entrar en la presencia del Dios Altísimo; ellos lo conocían y confiaban en El, seguían su voluntad y estaban dispuestos a obedecerle en todo momento.

Daniel le dijo a Nabucodonosor que ningún hombre, por más sabio o hábil que fuera podría ser capaz de revelarle ese sueño, dirigiendo así la mente y atención del rey *"al Dios único y verdadero cuya morada estaba en los cielos"*; indicando así que Él no era una deidad terrenal del pueblo judío en particular.

Es importante tener en cuenta, que en aquellos tiempos se creía que los sueños eran mensajes donde los dioses confirmaban presagios inminentes; excelentes oportunidades para el Señor revelarse a los potentados, reyes o conquistadores, que Dios utilizaba para disciplinar a su pueblo y extender el conocimiento y el poder ilimitado del verdadero Dios.

Daniel le declaró confiadamente al rey el sueño que el Señor le había revelado; este escucho todos los detalles con la más profunda atención y reconoció que se trataba del mismo que tanto le había perturbado las noches anteriores. Nabucodonosor entonces estaba listo para recibir favorablemente la interpretación:

> **Todo comienza con una gran estatua de una imagen de hombre, de gloria sublime y de aspecto terrible, tal como lo describen las escrituras.**

"Esta imagen, que era muy grande, y cuya gloria era muy sublime, estaba en pie delante de ti, y su aspecto era terrible. La cabeza de esta imagen era de oro fino; su pecho y sus brazos, de plata; su vientre y sus muslos, de bronce; sus piernas, de hierro; sus pies, en parte de hierro y en parte de barro cocido." Daniel 2: 31-33

La edad de oro de uno de los imperios más conocidos del mundo de entonces, proyectaba poder, sabiduría y arquitectura inexpugnable, Babilonia, humanamente casi imposible de abatir, hizo que sus monarcas y habitantes fueran confiados, auto suficientes y llenos de vanagloria y orgullo. Era enorme la estatua e indescriptible su imponencia, aunque su apariencia era terrible y espantosa.

Surge en medio de todo esto una gran pregunta: ¿porque Dios utilizo una imagen en este caso?

La respuesta seria porque una gran imagen o estatua de apariencia humana, sería perfecta para enseñar la historia de la humanidad. La figura era enorme e impactante como lo eran así mismo la grandeza de sus proezas y la gloria de sus obras; pero no obstante, seria ensombrecida y opacada por su corrupción, depravación y degeneración, ya que su material a medida que descendía perdía la brillantez y el valor de la misma.

Observemos con detenimiento los materiales que componían esta gran imagen. Estos representaban, la frialdad, costo, dureza, durabilidad y transitoriedad de los mismos, llegando hasta la fragilidad y extensión del barro mezclado con hierro.

Babilonia era representada por la cabeza de Oro Fino.

Este metal precioso prevalece sobre ningún otro, bien se la colocó como cabeza en la imagen. Nabucodonosor sobresalía entre los reyes de la antigüedad. Dejó a sus sucesores un reino grande y próspero.

Dios le estaba revelando que El ejercía el poder sobre los reinos del mundo, así como también el dominio de entronar y de destronar a los reyes. La atención de Nabucodonosor fue despertada para que sintiera, que si era posible, su responsabilidad para con el Cielo. Eran evidentes que todos y cada uno de estos acontecimientos futuros, llegarían hasta el mismo tiempo del fin.

El imperio Medo-Persa era representado por su pecho y sus brazos de Plata.

Es evidente que el orden de valor de los metales correspondía al orden sucesivo de las potencias del mundo. El reino medo-persa fue objeto de la ira del Cielo porque en él se pisoteaba la ley de Dios. El temor de Jehová no tenía cabida en los corazones de la vasta mayoría del pueblo. Prevalecían la impiedad, la blasfemia y la corrupción. Los reinos que siguieron fueron aún más viles y corruptos; y se fueron hundiendo cada vez más en su falta de valor moral.

La plata es inferior al oro. El imperio Medo-Persa fue menor en lujo y magnificencia que Babilonia. Unos 70 años después que Daniel pronunciara estas palabras por inspiración divina bajo el reinado de Babilonia y ante los débiles sucesores de Nabucodonosor (Amel-Marduk, 562-539; Belsasar, 553-539), los ejércitos de Ciro tomaron la ciudad, e iniciaron la expansión del imperio Medo-Persa. Eso ocurriría en el año 539 a.c. Cumpliéndose en Persia, el imperio representado por el pecho de plata.

El imperio de Grecia era representado el vientre y sus muslos de Bronce.

Este material era más duro, brillante y abundante en la corteza terrestre que la plata. Es también más común y deslumbrante; un símbolo adecuado a la sucesión de imperios.

Alejandro Magno, tuvo bajo su mando al ejército greco-macedónico que cruzó el Helesponto (antiguo nombre del estrecho de los Dardanelos) e invadió el Asia Menor. Su campaña fue una de las más veloces que se registraron en la historia antigua. Después de vencer a las tropas persas, mandadas por Darío, en la batalla de Gránico (334 AC), rápidamente avanzó hacia el sur y volvió a derrotar a sus enemigos en Iso (333 AC). En una marcha realmente vertiginosa para esa época, capturó Tiro (Eze. 26.3-5), Sidón, Gaza, dominó la actual Palestina, conquistó Egipto, donde fundó la ciudad de Alejandría, que debía llegar a ser uno de los focos de civilización griega más importante de lo que llamamos en nuestros días Medio Oriente, y se volvió otra vez hacia el este.

Tengamos en cuenta que le tocó avanzar por un territorio montañoso y quebrado, que tuvo que atravesar los dos ríos que formaban la Mesopotamia milenaria: el Éufrates y el Tigris, para llegar a encontrarse nuevamente con un ejército persa de un millón de hombres en Arbela. La batalla fue decisiva y el triunfo de los griegos determinante (331 a.C.).

Sin embargo los días de Alejandro estaban contados. Su vida, desgastada por la fatiga de sus batallas y por sus incesantes trabajos, corroída además por sus costumbres licenciosas. Lo que no pudieron lograr sus enemigos, lo realizó una fiebre que venció su debilitado organismo. Murió en el año 323, a los 33 años de edad.

Con la muerte del conquistador, se derrumbó prestamente el imperio que había levantado; desapareció para siempre la fugaz hegemonía de los griegos. Realmente, si el oro con su valor fue un símbolo adecuado para representar a Babilonia, y si la plata fue un símil que respondía a las características de Medo-Persia, ¿qué diremos del efímero brillo del bronce que tipifica acertadamente la parte que corresponde, en la estatua profética, al glorioso pero transitorio imperio de Alejandro? Herodoto llego a decir que los griegos son hombres de bronce que salen del mar.

El imperio de Roma fue representado por sus piernas de Hierro.

Este material es un metal muy fuerte. De la aleación con este mineral se obtiene el acero, muy conocido por su dureza y resistencia.

En el año 265 a. C., la monarquía itálica pasó bajo el control romano. En el año 200 a. C. Roma venció a Cartago en las guerras púnicas y desde esta ocasión, Roma, se dedicó a dominar y absorber el mundo conocido para esa época, llegando sus dominios hasta más allá de Inglaterra y por el este, hasta el río Éufrates. Roma llego a ser el imperio más poderoso de todos los tiempos. En 168 a. C. en la batalla de Pidna, Roma acabó con la monarquía Macedónica dividiéndola en cuatro confederaciones.

El imperio de los romanos llenó el mundo, pero

este imperio cayó en las manos de un solo hombre; luego este poderío se convirtió en una cárcel para sus enemigos. Resistirlo, era imposible. Algunas veces eran vencidos en las batallas, pero siempre victoriosos en la guerra; avanzaron con paso rápido hacia el Éufrates, el Danubio y hacia el Rin. Y las imágenes de oro, de plata, de bronce y de hierro que habían representado las naciones o sus reyes, fueron finalmente y exitosamente quebrantadas por el férreo imperio de Roma.

Los pies y dedos, parte de hierro y parte de barro, nos hablan de una Roma dividida; es importante resaltar que este último gran imperio descrito y representado en la estatua, proféticamente tendría un resurgimiento para los últimos días, conforme lo vio el profeta Daniel en las visiones que le fueron mostradas en el capítulo siete de su mismo libro.

Así como el hierro se mezcla con el barro, también los países se mezclarán por medio de alianzas humanas pero no se unirán el uno con el otro, como el hierro no lo hace con el barro.

La división del reino de Roma y el resurgimiento del mismo representado por sus pies en parte de Hierro y en parte de Barro cocido.

El barro cocido que además puede ser traducido como "barro moldeado de alfarería", es típico ejemplo de extensión, fragilidad y pobreza en relación a su adherencia con un metal. La imagen es una representación del tipo y figura de los reinos que se levantarían y que a la vez progresivamente se degradarían en la historia de la humanidad.

La medida de la estatua es importante de estudiar en este punto. La figura era de sesenta codos de altura, seis codos de anchura y se utilizaron 6 tipos de instrumentos, es decir, que se destacó con precisión el numero 6 tres veces; esto nos indica en una manera especial la relación que también proféticamente tienen con la imagen de la bestia, el nombre y número de la misma.

El Señor utilizó la imagen de un hombre para representar a la historia de la humanidad comenzando con el dominio imperial de Babilonia, específicamente con el reinado de Nabucodonosor, con el esplendor, hegemonía, extravagancia, y opulencia que muestra el oro fino; sucesivamente los imperios tuvieron una decadencia cada vez más baja; la degeneración moral de los principios divinos fue sucesiva, y esto continuará como predijo el Señor, que sería semejante a los días de Noé o los días de Sodoma y Gomorra.

Cuando se indaga en la historia de las naciones, es evidente para el que estudia la Palabra de Dios, el poder contemplar el cumplimiento literal de la profecía divina. Babilonia, al fin quebrantada, desapareció porque, en tiempos de prosperidad, sus gobernantes se habían considerado independientes de Dios y habían atribuido la gloria de su reino a las hazañas humanas.

En los anales de la historia humana, el desarrollo de las naciones, el nacimiento y la caída de los imperios, parecen depender de la voluntad y las proezas de los hombres; y en cierta medida los acontecimientos serian determinados por el poder, la ambición y los caprichos de ellos. Sin embargo en la Palabra de Dios se quita el velo, y podemos ver a través de todos los movimientos humanos (que tiene que ver con intereses, poder y pasiones), como la intervención del Todopoderoso, misericordioso y único Dios, se cumple silenciosa y pacientemente en cada uno de los designios proféticos que solo Él ha podido revelar en forma anticipada y determinante.

> **El que ha leído la historia de las naciones, el que escudriña y estudia la Palabra de Dios puede contemplar el cumplimiento literal de la profecía divina.**

Babilonia, al fin quebrantada, desapareció porque

en tiempos de prosperidad, sus gobernantes se habían considerado independientes de Dios y habían atribuido la gloria de su reino a las hazañas humanas.

El reino medo-persa fue objeto de la ira del Cielo porque en él se pisoteaba la ley de Dios. El temor de Jehová no tenía cabida en los corazones de la vasta mayoría del pueblo. Prevalecían la impiedad, la blasfemia y la corrupción. Los reinos que siguieron fueron aún más viles y corruptos; y se fueron hundiendo cada vez más en su falta de valor moral.

Es impresionante contemplar el cumplimiento de muchos detalles contenidos en la profecía bíblica, justamente cuando surgen estos reinos, se establecerá un reino diferente, por naturaleza y principios.

Es allí donde tenemos que contemplar a Cristo en esta revelación como la piedra cortada no con mano tal como lo describen las escrituras.

"Durante los gobiernos de esos reyes, el Dios del cielo establecerá un reino que jamás será destruido o conquistado. Aplastara por completo a esos reinos y permanecerá para siempre. Ese es el significado de la roca cortada que hizo pedazos a la estatua de

hierro, bronce, barro, plata y oro. El gran Dios estaba mostrando al rey lo que ocurrirá en el futuro. El sueño es verdadero y el significado, seguro."
Daniel 2:44-45

Es importante resaltar esta parte de la profecía, porque muchos están enseñando que la piedra representa la Iglesia y esto bíblicamente no es demostrable, ya que la misma piedra o roca representa a Cristo; solo lee lo que declara el Profeta Isaías:

"Por tanto, Jehová el Señor dice así: He aquí que yo he puesto en Sión por fundamento una piedra, piedra probada, angular, preciosa, de cimiento estable, el que creyere, no se apresure." Isaías 28:16

"Jesús les dijo: Nunca leísteis en las Escrituras:
La piedra que desecharon los edificadores, ha venido a ser cabeza del Angulo. El Señor ha hecho esto, y es cosa maravillosa a nuestros ojos?" Mateo 21:42

Aun Pedro declaró lo siguiente:

"Este Jesús es la piedra reprobada por vosotros los edificadores, la cual ha venido a ser cabeza del Angulo." Hechos 4:11

Pablo escribe a los romanos diciendo:

"Como está escrito: He aquí pongo en Sión piedra de tropiezo y roca de caída; Y el que creyere en él, no será avergonzado." Romanos 9:33.

Lo mismo lo afirma a los Efesios declarando:

"Edificados sobre el fundamento de los apóstoles y profetas, siendo la principal piedra del Angulo Jesucristo mismo." Efesios 2:20

Pedro afirma diciendo:

"Acercándoos a él, piedra viva, desechada ciertamente por los hombre, más para Dios escogida y preciosa." 1 Pedro 2:4

Esto es indiscutible, que la piedra representa a Cristo, con su poder indestructible y permanente; esto evidentemente no procede de ningún poder humano y no tiene ninguna relación con los poderes de las tinieblas.

Jesucristo destruirá y vencerá los reinos del mundo para siempre.

La gran imagen, que representaba a Nabucodonosor era sin lugar a dudas los acontecimientos que llegarían hasta el fin de los tiempos, todo esto le había sido dado para que comprendiese la parte que le tocaba desempeñar en la historia del mundo y la relación que su reino debía sostener con el reino del cielo. En la interpretación del sueño, se le había instruido claramente acerca del establecimiento del reino eterno de Dios, que sería por completo distinto y totalmente diferente a todos los demás y que jamás seria destruido.

> **De esta piedra se hará un gran monte que llenará la tierra.**

Esto te afirma a ti mientras estás leyendo este escrito que, el próximo imperio mundial no serán los Estados Unidos de Norteamérica, ni la Unión Europea, ni el Tratado Euro mediterráneo, ni el Convenio de la Lome, ni el Mercosur, ni cualquier tipo de bloque, tratado internacional, potencia que pueda surgir o el establecimiento de una conglomeración de naciones; con toda certeza será un Reino inconmovible, perfecto en gran manera, donde la justicia y el amor será el sistema de vida de sus habitantes.

Si ese mismo Reino que se implantó al comienzo de la primera pareja en el huerto del Edén, se proyectó en el Calvario, como el verdadero Reino de gracia; en el futuro será el Reino milenial que es cuando Jesucristo como Rey de Reyes y Señor de Señores aparezca por segunda vez a esta tierra en gloria y majestad, con todo poder y autoridad.

CAPITULO 4

BABILONIA

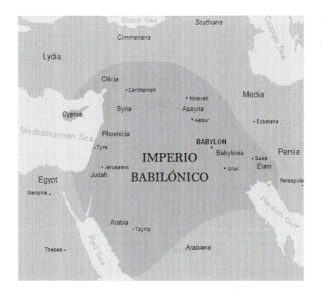

▉ De Babel al Reino de Babilonia:

" **A** conteció a los nueve años de su reinado, en el mes décimo, a los diez días del mes, que Nabucodonosor rey de Babilonia vino con todo su ejército contra Jerusalén, y la sitió, y levantó torres contra ella alrededor." *2 Reyes 25:1*

Babilonia data de los principios de la civilización en la antigua Mesopotamia. Fue fundada por Nimrod como centro de su gobierno, y fue el lugar donde se construyó la torre de Babel. De acuerdo con Génesis 11:9, el nombre Babel significa confusión, y probablemente se deriva del hebreo *Balal*.

La ciudad fue el centro de gobierno de varias dinastías, incluyendo a los amorreos, a la que perteneció Hamurabi, autor de un famoso código legal. Continuó siendo un importante centro religioso y cultural durante el tiempo del imperio de Asiria y luego volvió a ser una monarquía independiente y la cabeza de una poderosa potencia durante el tiempo de Nabopolasar y Nabucodonosor.

Durante el reinado de este último, quien construyó los famosos jardines colgantes, Babilonia llegó a tener un perímetro de unos 16 km, convirtiéndose posiblemente en la ciudad más grande de la antigüedad, en el 597 a. C., Nabucodonosor y sus ejércitos invadieron Palestina y capturaron la ciudad de Jerusalén.

Tomaron a gran parte de la población como prisioneros y los sometieron al exilio en Babilonia. En el 586, once años más tarde, los babilonios regresaron a Jerusalén para poner fin a las rebeliones de los judíos y de su monarca y destruyeron el templo, el palacio real y asesinaron o deportaron a la mayoría de los habitantes que quedaban en la ciudad.

En la Biblia, la palabra Babilonia aparece mayormente en el Génesis, en las profecías escritas en el tiempo de Nabucodonosor y en el Apocalipsis. El capítulo 11 de Génesis destaca los motivos que influyeron en la edificación de la torre de Babel. Los antiguos quisieron construir una ciudad y una torre, cuya cúspide llegara al cielo para hacerse un nombre por si eran esparcidos sobre la faz de la tierra. Fue claramente notoria su intención de colocar toda su confianza en las obras humanas y de rebelarse contra el deseo de Dios de que se extendieran y poblaran la Tierra.

Isaías 14:4 se refiere al "opresor... la ciudad codiciosa de oro" y alude al rey de Babilonia en términos que claramente se refieren también a Satanás.

Jeremías profetizó su destrucción: *"He aquí que será la última de las naciones; desierto, sequedal y páramo... porque pecó contra Jehová."* Confirmando las palabras de Jeremías, *Apocalipsis 14:8* proclama: *"Ha caído, ha caído Babilonia, la gran ciudad, porque ha hecho beber a todas las naciones del vino del furor de su fornicación."*

Más adelante, Babilonia aparece como la gran ramera, Babilonia la grande, la madre de las rameras y de las abominaciones de la tierra, representada por una mujer vestida de púrpura y escarlata.

En el Apocalipsis, Babilonia adquiere un significado simbólico que va claramente más allá de la realidad histórica. Cuando se escribieron estas profecías sólo quedaban las ruinas de

Babilonia. Las imágenes que se presentan hablan de una influencia pecaminosa que corrompe a todas las naciones de la tierra, esto da a entender que se está refiriendo por un lado a la Babilonia política y por otro lado la Babilonia religiosa, es claro cuando se establece diciendo:

Salid de ella, pueblo mío se hace este llamado de advertencia, *para que no sean participantes de sus pecados, ni reciban parte de sus plagas; porque sus pecados han llegado hasta el cielo, y Dios se ha acordado de sus maldades.*

Este es un llamado de misericordia de Dios: una invitación a abandonar el error y abrazar la verdad; a desistir del pecado y buscar la santidad. Dios ama a aquellos a quienes llama, y él llama a todos.

La profecía alude a Babilonia como la fuente de una influencia contaminante que se opone a Dios y a su verdad. Intenta representar un sistema de salvación ajeno al de Dios, el cual ha persistido desde el comienzo de la historia. Es posible identificar instituciones humanas de tiempos antiguos y de la actualidad, especialmente de carácter religioso, que han sido proyectadas con las características de la Babilonia simbólica de la profecía, pero el concepto de Babilonia no se limita a esto.

Es bien claro cuando leemos acerca de Babilonia, que todo lo que concierne a ella involucro un fuerte aspecto religioso. Cuando estudiamos a Babilonia en el Antiguo y Nuevo Testamento, podemos hacer tres distinciones:

1. - La identidad política: Babilonia como el primer imperio mundial gentil.

2. - La identidad religiosa: Babilonia opuesta al Dios de Israel.

3. - Y Babilonia misteriosa, que afecta al mundo entero.

Debemos también señalar la diferencia distintiva entre Babilonia y Babilonia misteriosa. La primera de los tiempos antiguos representa la imitación del Dios de Israel, el Creador de los cielos y de la tierra. En contraste, con la segunda Babilonia misteriosa, imitando tanto a Israel como a la Iglesia, aunque ninguna de las dos tiene futuro, porque el futuro le pertenece a la Iglesia y a Israel.

Babilonia es el primer reino que Daniel ve en visión, representado en cuatro bestias:

"Y cuatro bestias grandes, diferentes la una de la otra, subían del mar. La primera era como león, y tenía alas de águila. Yo estaba mirando hasta que

sus alas fueron arrancadas, y fue levantada del suelo y se puso enhiesta sobre los pies a manera de hombre, y le fue dado corazón de hombre." Daniel 7:3-4

Cuatro bestias enormes diferentes una de otra salían del mar, subían de en medio de la multitud de las masas, de los pueblos, de las naciones. Cuando examinamos la historia y vemos el gobierno establecido en la torre de Babel (en donde se estableció la ciudad de Babilonia) se observan algunos puntos similares en el reino de Babilonia. La torre de Babel fue una estructura hecha por el deseo humano, un deseo pervertido y degradado.

Desde tiempos antiguos, los hombres han pretendido penetrar en los misterios babilónicos, valiéndose generalmente de supersticiones, suposiciones, tradiciones y misticismos.

Los "sabios", caldeos, adivinos, y demás personas que practicaban las artes ocultas eran los consejeros espirituales de los monarcas; ellos ostentaban conocer lo oculto y enigmático. El soberano de babilonia no dudó en recurrir a ellos en auxilio, pues ellos daban la impresión de poseer poderes sobrenaturales; esto hasta el día de hoy se ha propagado en prácticas ocultas como la astrología, la adivinación y los horóscopos modernos.

La astrología es la supuesta influencia de los astros sobre el destino. Hoy en día, varias producciones de diarios y revistas agradecen al horóscopo el número de su producción. El Dr. Schramk, en su libro "Psychologie der Aberglaubens" dice que la Astrología paraliza la iniciativa de las personas y las hace de poco ánimo al considerarse meros juguetes del destino.

En los días del imperio de Babilonia la astrología era una ciencia importante y bien desarrollada. Los cielos eran cuidadosamente estudiados para buscar presagios de sucesos futuros. Pero de nada valieron los esfuerzos de los astrólogos babilónicos por tratar de interpretar lo que Dios había declarado. El profeta Isaías desafío a los sabios babilónicos a que descubrieran con sus prácticas de ocultismo qué ventajas podrían sacar de ellas en la hora del castigo predicho por el Señor.

Hoy en día es preocupante que diarios respetables publiquen horóscopos que predicen la suerte del que los lee. Los hombres pretenden adivinar el futuro por la posición de las estrellas y aconsejar a los incautos que creen en sus presagios. Los adivinos y médiums espiritistas florecen por miles con diversos nombres y métodos, y millones son engañados por ellos. Esos brujos estudiaban los fenómenos y presagios naturales. Examinaban las entrañas de animales ofrecidos en sacrificio llamados "augures mediante el hígado" de los babilonios; observaban el vuelo de las aves, la forma en que caían ciertos talismanes, lo que les sucedía a las flores, etc. Correspondía a los astrólogos, adivinos, médiums espiritistas y nigromantes clasificar todas las cosas en dos categorías: lo propicio y lo funesto, lo bueno y lo malo, los presagios favorables y desfavorables. El Señor ordenó específicamente a su pueblo que no practicara el arte de la adivinación tal como lo describió en Deuteronomio:

Cuando entres a la tierra que Jehová tu Dios te da, no aprenderás a hacer según las abominaciones de aquellas naciones. No sea hallado en ti quien haga pasar a su hijo o a su hija por el fuego, ni quien practique adivinación, ni agorero, ni sortílego, ni hechicero, ni encantador, ni adivino, ni mago, ni quien consulte a los muertos. Deuteronomio 18:9-11

La ciencia ha investigado la astrología durante años, estudiando el comportamiento entre las personas, comparando sus características y ha llegado a la conclusión que la astrología es pura charlatanería. (The Sunday Telegraph, 17/08/2003)

El Señor utilizó la imagen de un hombre para representar a la historia de la humanidad comenzando con el dominio imperial de babilonia, específicamente con el reinado de Nabucodonosor, con esplendor, hegemonía, extravagancia y opulencia que demuestra el oro fino. Progresivamente los imperios tuvieron una decadencia cada vez más inferior, ¿pero en qué aspectos?, sencillamente en su riqueza material y espiritual, la degeneración moral y el apartamiento de los principios divinos fue sucesivo, y esto continuará como habló el Señor, que sería semejante a los días de Noé.

En la historia de las naciones, el que estudia la palabra profética de Dios puede contemplar el cumplimiento literal de la profecía divina. Babilonia, al fin quebrantada, desapareció, porque en tiempos de prosperidad sus gobernantes se habían considerado independientes de Dios y habían atribuido la gloria de su reino a las hazañas humanas. Babilonia fue objeto de la ira del cielo ya que en este reino se pisoteaba la ley de Dios. El temor de Dios no tenía cabida en los corazones de la mayoría del pueblo. Prevalecían la impiedad, la blasfemia y la corrupción. Los reinos que siguieron fueron aun más viles y corruptos; y se fueron hundiendo cada vez más en su falta de valor moral.

Babilonia propaga la unidad religiosa mediante el espíritu de la tolerancia.

Desde las diferentes plataformas religiosas se escucha decir que con el propósito de unir al mundo, es necesario tener un sistema religioso similar a todos. Al ser imposible unir las religiones debido a las enseñanzas diversas de cada una de ellas, el primer paso hacia la unidad es la *tolerancia*. Hoy, esta palabra se repite constantemente a través de todo el mundo.

Decía un artículo publicado en el periódico Daily News del 4 de enero de 1997 a este respecto:

El reverendo Tim McDonald no tiene problema al permitirle a los budistas que adoren a otra divinidad en su Iglesia bautista anexa. Konomu Utsumi, un monje budista de Japón, estableció un pequeño templo con una mezquita dorada a Buda en el anexo de la Primera Iglesia Bautista Iconium hace cinco años. McDonald dijo: Ellos adoran un ídolo de oro, pero ese dios tiene algunos de los principios de amor y compasión como nuestro Dios que no vemos.

¡A donde se está llegando! ¿Te das cuenta? Muchos son los que acercan el reino de Babilonia a sus iglesias y ministerios.

▨ *Babilonia Propaga el Ecumenismo*

El ecumenismo religioso es el tema del momento. Muchos hacen la pregunta: *¿Qué debemos hacer* *nosotros como creyentes?*

Mi respuesta es: *Cumpla el mandamiento del Señor y predique el Evangelio a todas las criaturas en todas partes,* cuando tenga lugar la plenitud de los gentiles, la iglesia del Señor Jesucristo será arrebatada.

Sin embargo, debemos enfatizar que los que creemos en el Señor Jesucristo, como nuestro único y verdadero Salvador, bajo ninguna circunstancia podemos participar de este ecumenismo. Se debe hacer una distinción clara entre la Iglesia de Jesucristo, la que está integrada por todos los creyentes que han experimentado el nuevo nacimiento y el *ecumenismo* en general, el cual incluye a todas las religiones del mundo.

La Iglesia de Cristo ya está perfectamente unida, no bajo los auspicios de cierta denominación o convención, sino que tiene que ver con cada persona que ha experimentado el nuevo nacimiento a través del Espíritu Santo y está afirmada en la revelación de la Palabra de Dios. La Iglesia está perfectamente unida en el Señor Jesucristo. De tal manera, que cualquier intento por unir a la Iglesia de Jesucristo está condenado al fracaso. Pero... ¿Por qué? Porque la Iglesia ya alcanzó hace mucho tiempo la unidad perfecta por el Señor Jesus.

La promesa de la unidad dentro de la Iglesia de Jesucristo es exclusivamente para los creyentes y no para esos *"que tendrán apariencia de piedad, pero negarán la eficacia de ella"* (2 Timoteo 3:5)

El Señor Jesucristo dice:

No se turbe vuestro corazón; creéis en Dios, creed también en mí. En la casa de mi Padre muchas moradas hay; si así no fuera, yo os lo hubiera dicho; voy, pues, a preparar lugar para vosotros. Y si me fuere y os preparare lugar, vendré otra vez, y os tomaré a mí mismo, para que donde yo estoy, vosotros también estéis. Juan. 14:1-3

En esencia, los elementos distintivos de la Babilonia profética son:

1. - La salvación por las obras humanas, aparte de Dios.

2. - La rebeldía contra la voluntad de Dios.

3. - La capacidad de confundir y contaminar a todo el mundo con sus doctrinas de mentiras y engaños, que desconocen o tergiversan verdades de las Sagradas Escrituras.

Cualquier manifestación de estos elementos de

error y confusión pueden considerarse como producto de la influencia babilónica. Bajo el nombre de religión también se presentan numerosas doctrinas, propagando la idolatría y el paganismo. Esta es una de las razones porque hoy es tan popular la brujería, las ideas de la Nueva Era y las antiguas religiones de los indios americanos y las culturas africanas. Existe un notable resurgimiento de la adoración de la naturaleza en la figura de una diosa llamada entre otras cosas la *madre tierra o madre naturaleza*.

Te puedes preguntar ¿Estoy presenciando un resurgimiento de Babilonia? Si es así, es cierto que las ruinas de la antiquísima metrópoli se están levantando lentamente, pero esta no es la Babilonia que te debe de preocupar más. La que tienes que mirar con atención es la espiritual, es la que está tomando nuevas fuerzas, intentando arrastrar cuesta abajo a millones de personas.

La confrontación entre el bien y el mal recrudece, pero aún tienes la oportunidad de escoger cuál ha de ser tu afinidad espiritual. ¿Serás contaminado y cautivado con el error que intenta corromperte y apartarte del Señor, o decidirás salir del reino de Babilonia y convertirte en un verdadero hijo de Dios y ciudadano de la otra gran ciudad espiritual, la Nueva Jerusalén?

Hacer las cosas por iniciativa humana y no por indicación de Dios trae el reino de Babel o de Babilonia a nuestra vida. La torre fue hecha con ladrillos, no fue construida con piedras. Podemos observar que las rocas fueron creadas por Dios mientras que los ladrillos fueron hechos por los hombres. Creer que los sistemas humanos pueden separar y levantar un siervo de Dios es una equivocación.

Los hijos de Dios no son ladrillos sino piedras vivas. La iglesia se tiene que edificar sobre la roca y no sobre ladrillos que representan las obras de los humanos.

Las rocas son sacadas de las canteras pero los ladrillos son hechos con pajas; es decir el ladrillo no tiene firmeza como la roca, sino que es una imitación que se hace polvo rápidamente. Al contrario de un ladrillo, una roca no se quiebra, porque todo lo que Dios levanta y todo lo que Dios afirma y crea no hay diablo, ni demonio, ni reino de Babilonia que lo pueda destruir. Lo Dios siempre permanece firme.

Debe haber característica de fortaleza en ti la cual es la fuerza del Señor. La Biblia nos enseña diciendo: *"Mirad a la piedra de donde fuisteis cortados, y al hueco de la cantera de donde fuisteis arrancados." Isaías 51:1*

Él te arrancó de la cantera como una piedra que el diablo decía que no tenía valor pero Dios te lo dio, por eso no eres ladrillo, sino piedra. Eres una piedra plantada sobre la roca angular la cuál es Cristo.

Por eso Jesús le dijo a Pedro que ya no sería un junco, sino una piedra, un pedazo de Roca *(Mateo 16:18)*. Mientras que sin Jesús era una caña sacudida por el viento y el agua, ahora que Dios lo llama y tiene la revelación del Reino de Dios, se convierte en roca, en piedra, en algo sólido.

Babilonia = Ladrillo

Las rocas no tienen forma específica mientras que los ladrillos son iguales porque son moldeados por los hombres. Las cosas de Dios no funcionan con moldes porque son originales. Debemos ser piedras originales, y no ladrillos clonados. Somos originales y no nos parecemos a nadie; no somos igual que el otro, somos piedras vivas para edificar el Reino de Dios. Si intentamos hacer las cosas a la manera del mundo por merito y conocimiento, siempre vamos a fracasar.

> **Las rocas no son hechas en ningún lugar terrenal, no hay fábricas que puedan crear montañas o rocas. Cuando el diablo te ve, él tiene que saber que eres una creación de**

> Dios autentica, sin falsificación ni superficialidad. No estás hecho de polvo que se desmenuza, ni barro que se desintegra, eres sólido como la roca, eres una piedra creada por Dios.

▌ *Babel = Confusión*

Las características de Babilonia son juzgar y matar espiritualmente a sus víctimas. Dice la Biblia: *Degollaron a los hijos de Sedequías en presencia suya* (el rey de Babilonia), *y a Sedequías le sacaron los ojos, y atado con cadenas lo llevaron a Babilonia.* 2 *Reyes* 25:7

Otra cosa que Babilonia hace es que trata de quitarnos la visión, nos quiere dejar ciegos. Estamos en una generación de visión y Dios está trayendo gran revelación a su pueblo, no permitas que Babilonia te quite la visión. Este reino también trae confusión. Haciendo un repaso general del movimiento del reino de Babilonia y de **la torre de Babel**, podrás observar algunos puntos para tu propia enseñanza.

Podríamos resumirlo de la siguiente forma:

> a. La torre de Babel fue una estructura hecha con un deseo humano, no por voluntad de Dios. Hacer las cosas por iniciativa humana

y no por indicación de Dios hace que se manifieste el reino de Babilonia o el de Babel.

b. La torre fue hecha con **ladrillos** y no con **piedras**, veamos las características que las diferencian:

- Las rocas fueron creadas por Dios, los ladrillos son hechos por los hombres. **Creer que las organizaciones y capacidades humanas levantan siervos es una equivocación.**

- Las rocas son sacadas de la cantera, los ladrillos son hechos de paja. **No tienen una firmeza duradera.**

- Las rocas no tienen forma específica, los ladrillos son hechos con moldes de hombres. **Esto se puede comparar con situaciones en las cuales se hacen las cosas con moldes humanos no siguiendo los designios de Dios.**

- Las rocas no son creadas en ningún lugar terrenal, los ladrillos son hechos en Egipto. **Hacer las cosas a la manera del mundo,** por meritos o por conocimiento, es una gran equivocación.

Esta forma de proceder son las que llevan a los pueblos al error y la mentira.

CAPITULO 5

PERSIA

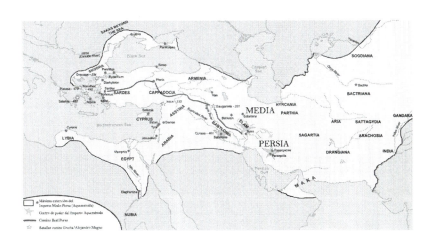

I rán es una meseta de Asia, vecina a la Mesopotamia que fue testiga de importantes sucesos históricos. Esta meseta, que ocupa dos millones de kilómetros cuadrados, limita:

Al Oeste: con los valles del Tigris y el Eufrates (de los que los separan los montes Zagros); al Este: con el valle del río Indo; al Norte: con el mar Caspio y el Turquestán; y al Sur: con el golfo Pérsico y océano Índico.

El corazón de su territorio es una zona desértica, rodeada de altas montañas. Las tierras fértiles, aptas para el cultivo y la ganadería, se encuentran en las laderas y los valles de estas montañas. En la actualidad, la región está ocupada por los Estados de Irán, Afganistán y Pakistán.

En la antigüedad, fue el sitio elegido por dos pueblos para instalarse y desarrollar su civilización: los medos y los persas. Estos pueblos pertenecían a la familia lingüística de los indoeuropeos o arios integrada también por los hititas, los mitanios, los casitas, los jonios, los eolios y los aqueos entre otros. El primer elemento que los hizo poderosos fue la domesticación del caballo, que constituía un nuevo e importante recurso bélico. Posteriormente, la utilización del hierro y los carros de combate los convirtieron en temibles guerreros.

A medida que se fueron expandiendo, se asentaron en diferentes zonas y conformaron distintos puertos. A fines del segundo milenio a.c. los medos y los persas llegaron a los valles fértiles de Los montes Zagros. Y en la zona paralela a Asiria se asentaron los medos; y sobre el golfo Pérsico se instalaron los persas.

Los Medos

Era un pueblo de pastores arios, que al asentarse comenzaron a practicar la agricultura. Su organización era inicialmente tribal es decir, estaban divididos en tribus que se unían, en caso de guerra, contra un enemigo común.

En los siglos IX y VIII a.C. fueron sometidos a tributo por los poderosos vecinos de la Mesopotamia: los asirios, quienes también dominaron a los persas. A fines del siglo VIII a.C.

los medos organizaron un Estado y sometieron a los persas. Permanecieron igualmente bajo dominio asirio, hasta que su rey Ciaxares se unió con el rey Nabopolasar de Babilonia y juntos planearon terminar con la dominación asiria.

A su término, Ciaxares y el rey caldeo dividieron los territorios de los asirios; para los medos quedó la Alta Mesopotamia y el Irán occidental. Su hegemonía terminó en el siglo VI a.c., cuando surgió un nuevo poder el de sus hermanos los persas.

Los Persas

Este pueblo desarrollo una nueva política expansiva que lo convirtio en el dueño del Cercano Oriente. En un principio estaban divididos en 10 ó 12 tribus, cuyos jefes tenían el título de rey. Entre ellos no había acuerdo para unificarse en una sola tribu, por lo que sufrieron la dominación meda. Según la tradición, Aquémenes, quien guió a los persas hacia el Sur, fundó la dinastía de los Aqueménidas, a la cual pertenecerán los grandes reyes posteriores.

Pero fue Ciro quien logró unificar a las distintas tribus en que se dividían los persas, para posteriormente derrotar a los medos y terminar con su supremacía. Ciro convirtió a la ciudad de

Susa en la capital del nuevo Estado en el 550 a C. y decidió comenzar una política de conquistas por los territorios vecinos.

Después de imponerse a los medos, se dirigió contra el reino de Lidio. Este reino, ubicado en las costas del Asia Menor, era famoso por su riqueza y por ser el centro vital de las comunicaciones, dado que por allí pasaban las rutas del comercio con Grecia.

Ciro también incorporó las ciudades griegas del Asia Menor a sus dominios. Se dirigió luego contra el Imperio Neobabilónico, que conquistó rápidamente; anexó así la Mesopotamia y sus dependencias sirias a los dominios persas (1538 a C.). A su muerte, su hijo Cambises continuó la tarea expansiva, dirigiéndose a Egipto y conquistándolo fácilmente (525 aC).

El Imperio Persa se sostuvo, de todas formas, 150 años más, hasta que en el 330 a C., fue incorporada por Alejandro de Macedonia a su imperio. El objetivo primordial de la política persa fue lograr la hegemonía universal: es decir, la conquista de todos los territorios conocidos en la época. La superioridad de su ejército se debía a la táctica de asalto con arqueros a caballo". Estaba formado por 10.000 guerreros llamados los inmortales" porque su número no se modificaba a pesar de las bajas, dado que éstas eran inmediatamente repuestas para mantener la cantidad constante.

Síntesis de las Conquistas

Ciro: Media, Asia Menor (Lidia), Babilonia, Siria y Palestina. Irán hasta la India.

Cambises: Egipto y expediciones por los alrededores (Etiopía, Libia)

Darío: Territorio hasta el valle del Indo, Tracia y Macedonia (por el oeste)

Organización del Imperio Persa:
Unidad en la diversidad

El gran imperio de los persas tenia una estructura bien organizada a diferencia de otros imperios, como el asirio, que basaba su dominio solamente en el terror. La organización era una necesidad apremiante para el imperio. Manejaron con gran habilidad la diversidad de países con sus diferentes razas, religiones, lenguas, tradiciones y economías, que formaban su Estado. Generalmente respetaban a la clase dirigente de cada región, a la que sumaban un aparato administrativo persa controlado desde las grandes capitales como Pasargada, Persépolis y Suso. Toleraron además las costumbres y manifestaciones culturales de los pueblos sometidos. Su principal preocupación era el pago regular del tributo. Dividieron entonces el imperio en veinte provincias o satrapías, cada una debía entregar anualmente una cantidad determinada de sus productos característicos: metales, piedras preciosas, cereales o ganado.

Para facilitar las comunicaciones construyeron el gran camino real, que cruzaba todo el Cercano Oriente desde Anatolia hasta el Irán. En su largo camino se colocaron postas y relevos, por lo extenso de su recorrido.los persas eran los únicos eximidos del pago de tributos. Ellos desempeñaban los cargos de mayor jerarquía, tanto en el nivel administrativo como en el militar.

En la cúspide del imperio se encontraba el monarca. El poder del rey era absoluto, nada ni nadie estaba capacitado para competir con su autoridad. Los persas tenían la idea de que el rey recibía la autoridad de su dios, Ahura-Mazda del que era el elegido. El monarca además debía ser modelo de todos los guerreros: montar a caballo, tirar del arco y ser el mejor en los ejercicios físicos. Se le llamaba gran Rey o Rey de Reyes.

Administración Imperial:

Sátrapas: Eran nobles persas que estaban al

frente de una provincia o satrapía. Representaban al rey y se consideraban unidos a él por un lazo de fidelidad en la defensa y la administración de los bienes. Se ocupaban del cobro de tributos, del mantenimiento de ejércitos permanentes y de movílizar a la población para cooperar en las obras públicas. Se les consideraba la máxima autoridad de justicia en los territorios a su cargo.

Secretarios: Cumplían funciones de asesores reales del sátrapa. Los nombraba directamente el rey. Entre sus responsabilidades se encontraba la de fiscalizar al gobernador de la provincia.

Inspectores: Formaban un cuerpo de auditores que controlaban los intereses del rey, vigilando a los sátrapas. Se los llamaba los ojos y oídos del rey, porque le informaban todo lo que pasaba en el imperio. Sí las circunstancias lo exigían, podían destituir al sátrapa.

La política imperial seguida por los persas trató de conciliar la unidad en la diversidad, respetando por un lado los regionalismos en cultura y costumbres, e imponiendo por el otro una centralización en el pago de tributos y la prestación de servicios militares, elementos decisivos para su supervivencia.

▦ *Economía: El Sostén del Coloso*

La organización económica del "coloso" Imperio Persa era tributaria. Todas las provincias estaban sujetas al pago de impuestos, ya sea en especie o en lingotes de metales preciosos, de acuerdo con sus producciones. Egipto enviaba trigo; la región de Media, ganado (ovejas, mulas); la satrapía del Indo, perros de caza y arenas auríferas. Otros pueblos, aunque no integraban el imperio, también mandaban obsequios; por ejemplo, Etiopía enviaba oro, maderas de ébano y colmillos de elefantes.

La unidad política y administrativa que impusieron facilitó los intercambios. Los mercados tenían mayor seguridad y mejores sistemas de comunicación para su tarea. Esto implicó un gran desarrollo del comercio, que se vio favorecido además por una nueva costumbre: la utilización de la moneda. Concebida como una pieza metálica acuñada, fue útil para facilitar los intercambios y como medida común para el precio de los objetos. Su invento es atribuido a los lidios, que formaron un Estado en las costas del Asia Menor por donde pasaba un importante tráfico comercial.

Los persas, al incorporar el reino lidio a su imperio, tomaron la costumbre monetaria y la impusieron en todo su Estado. Es decir, generalizaron el uso de la moneda en todo el Cercano Oriente. De esta forma realizaron un gran aporte para el desarrollo comercial; las dificultades que producía el trueque para el intercambio de mercaderías disminuyeron, y las transacciones cobraron mayor agilidad y rapidez. Darío I acuñó monedas de oro, los dóricos. Posteriormente también se acuñaron monedas de plata.

La Sociedad

La sociedad estaba dividida en diferentes jerarquías, de acuerdo con sus privilegios y ocupaciones.

La clase superior estaba formada por los nobles. Dentro de ella eran muy importantes los sacerdotes y los magos. Dirigían el culto y eran consejeros políticos de los reyes o de los gobernadores de provincias. También podían administrar justicia, basándose en la ley del talión. La capa inferior de la sociedad la formaban los comerciantes, los artesanos y los campesinos.

Aspecto Religioso

"Así hablaba Zaratustra"

A diferencia de otros imperios, los persas fueron tolerantes con las religiones de los dominados. En ningún lugar impusieron por la fuerza su religión o sus dioses. Esto no se debe a su habilidad política, sino a su concepción religiosa. Esta se encuentra reunida en el Avesro, libro sagrado que recoge las enseñanzas del lider Zoroastro o Zaratustra. Zoroastro fue el fundador de la religión llamada zoroastrismo o mazdeísmo. Según la leyenda, éste recibió revelaciones del gran dios Ahura Mazda, dios supremo, inmaterial, creador del universo.

Según Zoroastro, existían dos espíritus en pugna: el del bien al servicio de Ahura Mazda, y el del mal. El espíritu del bien, llamado Ormuz, representaba la vida, la verdad, la justicia. Era el mundo del gran dios, con la luz y la felicidad. El espíritu del mal representaba la muerte y la mentira. Era el mundo de los medas, dirigido por Arimán.

El hombre también participa de esa lucha, de acuerdo con su buen o su mal comportamiento. Esta religión con ciertas características monoteístas de un dios supremo fue aceptada sobretodo por las capas dirigentes del imperio. Si bien la mayor parte de la población mantuvo a Ahura - Mazda en un lugar superior, rodeado de otras divinidades inferiores, personificadas por las fuerzas naturales.

La religión mazdeísta se mantuvo como religión

nacional hasta el siglo VII d.C., en el que Irán fue conquistado por los musulmanes y éstos impusieron su religión, el Islam. En lo actualidad esta práctica religiosa se conserva en la zona de Bombay, en la India, por medio de los mazdeístas que huyeron de la persecución musulmana.

Un Arte Para la Monarquía

No podemos afirmar que existió un arte persa propiamente dicho. En realidad, la producción artística fue una conjunción de elementos pertenecientes a las diferentes culturas sometidas. Por ejemplo, de los egipcios tomaron la construcción de hipogeos; de la Mesopotamia, la utilización del ladrillo, las figuras de toros alados y la costumbre de erigir palacios sobre plataformas elevadas.

El reino Medo-Persa es el cuarto reino o la segunda bestia que vio Daniel en la visión que Dios le dio:

*"Y he aquí, **otra segunda bestia, semejante a un oso**, la cual se alzaba de un costado más que del otro, y tenía en su boca tres costillas entre los dientes; y le fue dicho así: "Levántate, devora mucha gente." Daniel 7:5*

De acuerdo a la descripción de Daniel dos y siete la

segunda bestia es el mismo poder representado por el segundo reino de plata de la imagen, es decir Meda y Persia.

El oso pardo era un animal característico de las regiones nororientales persas. Los Babilonios fueron ágiles y rápidos en sus conquistas como un león con alas; los Persas fueron lentos como un gran oso, pero conquistaron por su fuerza y volumen. Los historiadores dicen que los ejércitos Persas a veces superaban el millón de soldados.

Este oso era asimétrico, "se alzaba de un costado más que del otro". El imperio Medo-Persa fue asimétrico ya que los Persas fueron más poderosos que los Medos. El oso tenía 3 costillas entre los dientes, debido a que este imperio conquistó a tres imperios los cuales fueron:

- **Lidia 547 aC al Oeste**
- **Babilonia 539 aC al Norte**
- **Egipto 525 aC al Sur**

La profecia Biblica fue cumplida cuando en forma evidente se confirmo que los Medos y los Persas conquistaron y siguieron a Babilonia como segundo imperio universal, de acuerdo con las profecias de Daniel, y cuarto en la lista que estamos considerando. Aun el profeta Isaias hace mencion a una profecia en forma clara 160 años antes de que Ciro el Persa tomara a Babilonia siendo sustituida por el imperio Medo-Persa.

Profecía sobre Babilonia, revelada a Isaías hijo de Amoz. . . *He aquí que yo despierto contra ellos a los medos*, que no se ocuparán de la plata ni codiciarán oro. Con arco tiraran a los niños; y no tendrán misericordia del fruto del vientre ni su ojo perdonará a los hijos. *Y Babilonia, hermosura de reinos, ornamento de la grandeza de los caldeos, será como Sodoma y Gomorra, a las que trastornó Dios. Nunca más será habitada*, ni se morará en ella de generación en generación; ni levantará allí su tienda el árabe ni los pastores tendrán allí su majada, sino que dormirán allí las fieras del desierto y sus casas se llenarán de hurones; allí habitarán avestruces y allí saltarán las cabras salvajes. En sus palacios aullarán las hyenas, y chacales en sus casas de deleite; y cercano a llegar esta su tiempo, y sus dias no se alargaran. *Isaías 13:1, 17-22*

Isaías profetiza que los adivinos y agoreros serán ineficaces y se confundirán, eso ocurrió la noche que cayó Babilonia con la escritura en la pared. Dios afirma: "¡Yo haré secar tus ríos!", esta fue la estrategia usada por Ciro para tomar Babilonia.

La profecia menciona dos veces a Ciro por su nombre, a pesar de no ser un nombre conocido ni usado en Israel, y Ciro aún no habia nacido.

También afirma Jehová: "quebrantaré puertas de bronce y haré pedazos cerrojos de hierro". Es interesante que los Babilonios estaban preparados para detener a un invasor que secase el Éufrates e intentase pasar por debajo de los muros, ya que tenían compuertas de bronce macizo imposible de traspasar.

La misma historia afirma, aunque no sabe como explicar, porqué esas compuertas estaban abiertas la noche que Ciro entró con su ejército. El profeta Jeremías fue utilizado por Dios para hablar proféticamente 55 años antes que ocurriera, cuando Babilonia estaba en pleno apogeo acerca de este imperio.

Limpiad las saetas! ¡Embrazad los escudos! *ha despertado Jehova el espíritu de los reyes de Media*, porque *contra Babilonia* es su pensamiento para destruirla; porque venganza es de Jehová, y venganza de su templo. Levantad bandera sobre los muros de Babilonia, reforzad la guardia, poned centinelas, disponed celadas; porque delibero Jehová, y aun pondra en efecto lo que ha dicho contra los moradores de Babilonia. *Jeremías 51:11-12*

La profecia dada por medio del profeta Daniel se

cumplio totalmente. Y la escritura que trazó era: "Mene, Mene, Tekel, Uparsin". Esta es la interpretación del asunto: "Mene": Contó Dios tu reino y le ha puesto fin. "Tekel": Pesado has sido en balanza y fuistes hallado falto. "Peres": *Tu reino ha sido roto y dado a los medos y a los persas.* *Daniel 5:25-28*

No solo tenemos las profecias biblicas que hablaron acerca del imperio Medo-Persa, sino que tambien esta la confirmacion de los libros históricos, como Esdras, Nehemías, Hageo, Zacarías y Ester que confirman la sucesión imperial de Babilonia a Medo -Persia.

Características del reino Medo-Persa

1) Busca mostrar la gloria propia y no la misericordia de Dios.

2) Lleva a la gente a ser conformista y no a superarse. Hace pensar que aunque no se esfuercen por buscar agradar a Dios, de igual manera recibirán el mismo lugar de gloria que los adoradores. Pensar de tal manera es un gran engaño, ya que los que se esfuerzan pasarán por el tribunal de Cristo y recibiran galardones de gloria y coronas.

3) Falta de responsabilidad y de compromiso.

4) Unificación con los diferentes conceptos religiosos.

5) Vivir bajo el espiritu de la tolerancia.

En el tercer año de su reinado hizo banquete a todos sus príncipes y cortesanos, teniendo delante de él a los más poderosos de Persia y de Media, gobernadores y príncipes de provincias, para mostrar él las riquezas de la gloria de su reino, el brillo y la magnificencia de su poder, por muchos días, ciento ochenta días. Ester 1:3-4

Las declaraciones del rey promovían libertinaje y falta de responsabilidad.

Es importante observar como este reino se movio en el pasado, porque hoy frente a la hora que estamos viviendo, existen unas claras similitudes en el aspecto espiritual de caracteristicas que son activadas por espiritus demoniacos, trayendo una intensa confusion.

Hoy se acepta todo, no importando las tendencias contrarias que existan; el asunto es vivir bajo la tolerancia, con tal de mantener una conciencia uniforme con la sociedad de estos dias, donde todo es bueno y todo es permitido, sin importar cuales sean sus consecuencias.

A lo bueno se le llama malo y a lo malo se le llama bueno, no hay la menor intencion de establecer limites ni reglas, todo es permitido de acuerdo al pensamiento de cada individuo. Es necesario despertar porque el reino de Medo-Persa, intenta con todas sus fuerzas destruir, convicción, fe y principios.

Capitulo 6

GRECIA

"*D*espués de esto miré, y he aquí otra, semejante a un leopardo, con cuatro alas de ave en sus espaldas; tenía también esta bestia cuatro cabezas; y le fue dado dominio.*" Daniel 7:6*

"El macho cabrío es el rey de Grecia, y el cuerno grande que tenía entre sus ojos es el rey primero" Daniel 8:21

Este reino es la tercera bestia en la visión de Daniel y representaba el "macho cabrío", la falsificación del Cordero de Dios.

Todo lo que opere bajo el reino de Grecia siempre estará imitando, ocultando, y aparentando. Tendrá una visión confusa y distorsionada de la verdad.

Bajo este reino, es difícil discernir con claridad la verdad. Esto causa que la gente piense que cuando se mueve la presencia de Dios crean que es el diablo y cuando se mueve el diablo piensen que es de Dios.

La palabra profética estableció que del gobierno de Grecia se iba a levantar un rey insolente y hábil en intrigas y sospechas, un reino de dudas. Tantas dudas tenían los griegos que era la nación que más se peleaba entre sí. Las ciudades vecinas de Esparta y Atenas, por ejemplo, se mantenían en guerra la una con la otra; solo detenían sus conflictos cuando se aproximaba otro enemigo no griego.

Es importante considerar que cuando Daniel escribe la revelación acerca del gran imperio Griego, y habla de sus conquistas militares se refiere al imperio que forjó Alejandro Magno de Macedonia. El espíritu del imperio de Grecia se relaciona más con sus costumbres y tradiciones, así como con sus creencias y religiones.

Aunque los griegos de Esparta y Atenas en el principio consideraban a los macedonios como bárbaros, eran en sí muy similares en costumbres y creencias, es más, estos seguían una gran cantidad de costumbres griegas; tenían el mismo idioma e incluso eran descendientes de los mismos antepasados griegos. Cuando el padre de Alejandro Magno, Filipo II, conquistó a toda Grecia y la unió bajo la nación de Macedonia, todos los griegos quedaron por fin unificados bajo un rey y esto facilitó la conquista de Alejandro.

Este reino, solo apela al intelecto, a la capacidad de la naturaleza, la fuerza y la habilidad del hombre. Y esto mismo es lo que promueve la organización de la Nueva Era, en los días de hoy.

Aparte de tratar de quitar al verdadero Dios de la sociedad, este reino trata de destruir a los llamados con unción y con poder del Espíritu Santo, a la santidad de Dios y al buen testimonio. Esta manifestación de soberbia y egoísmo debe ser resistida por la iglesia de Jesucristo y se puede hacer mediante la oración y la verdadera palabra de revelación.

Adivinación, Astrología y Engaño

La religión neolítica era totalmente falsa, como todas las religiones hasta la fecha. Contó con adivinos, astrólogos, videntes y exorcistas para interpretar signos y augurios, sueños y movimientos de los cuerpos celestes. Se dedicaba a dictar oráculos y dar a conocer las revelaciones, en la creencia de que los inexistentes dioses empleaban personas inspiradas para transmitir su poder y voluntad a los hombres. La tradición mantica se desarrolló así como una seudo-ciencia,(bajo adivinos y videntes) que a menudo por una auténtica fuerza oculta, estimulada por un entrenamiento técnico, revelaban saberes misteriosos, o determinaban el curso de los sucesos, mediante experiencias de éxtasis y visiones, portentos, augurios, auspicios, hepatoscopia y pronósticos astrológicos.

Todo este comienzo de filosofías y descubrimientos de lo imaginario se relacionaba con los agüeros, sueños y oráculos. También, en algunos casos, con funciones sacerdotales en los templos, capillas y santuarios; la incubación, los trances y las más crudas formas de éxtasis y locura sagrada. Así, pues, el oficio del vidente estaba estrechamente relacionado con el del adivino, ya que la palabra se consideraba medio de comunicación verbal con la divinidad, mediante un cambio sacramental de voces entre el locutor humano y el auditor divino. Una invocación especialmente en los oráculos donde se levantaban círculos de piedras para los espíritus llamados "dioses" que descendían del Olimpo, llamado hoy en términos modernos, como "médium" o chamanes.

La supuesta revelación, recibida directamente por medio de éxtasis, visiones, o por cualquier otra forma de manifestaciones habladas, se daba a conocer como enunciación de un oráculo divino, teniendo una validez absoluta para el creyente, y ninguna para el no creyente, pero en estos siglos todos eran místicos. Fue en Grecia y Mesopotamia donde más se practicó la adivinación y la magia, tanto en los cultos oficiales, como en augurios privados, que se conseguían a precio módico. Según demuestra la Biblia, también la magia se practicaba en Israel. Los hititas la difundieron por Palestina y Anatolia, y después por el mundo griego y romano.

Asimismo se obtenían augurios de la posición, aspecto y color de las entrañas, condiciones del corazón, riñones, vesícula; vuelo de las aves; eclipses; condiciones atmosféricas inusuales; grandes tormentas, etc. Los signos celestes impulsaron observaciones cada vez más cuidadosas del firmamento; y la luna fue el primer astro en ser observado. La concurrencia del sol y la luna era observada del 12 al 20 de cada mes, y se interpretaba como caída de dinastías y otros sucesos desfavorables. Alrededor del día 14 significaba prosperidad. La repetición periódica de cuerpos y fenómenos celestes se registraba en tablas, y así nació la astrología.

El año estaba ya dividido en meses, y los astrólogos caldeos inventaron el Zodíaco. Los cinco planetas con nombres de divinidades romanas fueron Isthar, Nabu, Nergal, Marduk y Ninib en Mesopotamia. Las principales constelaciones griegas son también de origen mesopotámico.

Hubo calendarios de los días favorables, y los astrólogos predecían calamidades, mediante cambios de las nubes y la posición de planetas y estrellas. Un eclipse lunar, por ejemplo, en el mes de Nisan, durante la primera hora de guardia, significaba desgracias; si ocurría en el mes de Iyar, moriría el rey, sin ser sucedido por el hijo; si era en el de Tamuz, la agricultura prosperaría, y los precios subirían; si acontecía en el de Ab, el dios Adab mandaría una inundación; si el dios Adab tronaba en el mes de Nisan, cesaría el poder del enemigo; los eclipses de sol eran de mal augurio, en diversos grados según el mes. Las estrellas, el sol, la luna y los planetas determinaban los destinos humanos, en lo que hoy se sigue llamando horóscopos.

Todo esto era parte de lo que habían heredado de los antiguos asirios; estos hacían mucho uso de medicinas, incluyendo drogas de origen vegetal y animal, intentando encontrar alivio a sus enfermedades, principalmente por medio de la magia, mediante un complicado sistema demonológico, con genios, fantasmas, vampiros y espíritus hostiles. De donde surgió el exorcismo, para ahuyentar a lo que se creía por magia.

También se relacionó a los dioses con la medicina,

y así Ea era curativo, o Marduk protegía contra los ataques malignos. Según los griegos los oráculos terapéuticos se conseguían mediante sueños, y así se revelaban también remedios a los que pernoctaban en los templos.

Fue sobre todo en Grecia donde se desarrolló el culto de Asclepio, en la Argólida y otros lugares, cuando se relacionó con el de Apolo en Delfos, donde la incubación fue reconocida como elemento esencial de la medicina mágica. Los enfermos iban al santuario de Epidauro, a dormir en el templo de Asclepio, tenían visiones durante la noche, y dicen que se despertaban curados. El ciego, por ejemplo, era tocado por el dios, y le limpiaba los ojos; entonces salían dos grandes serpientes, y le lamían los párpados: con lo que recuperaban completamente la vista.

Un paralítico de los dedos creyó estar jugando a los dados, y cuando iba a echarlos, el dios le tocó con la mano, y se le fue separando y enderezando los dedos uno por uno.

Epidauro fue en Grecia, lo que Lourdes es hoy para el catolicismo, y se debían hacer los mismos milagros. En el templo romano de **Esculapio** también se practicó la incubación, a pesar de que ni la mántica ni los exorcismos estaban arraigados. Sí la adivinación mediante el vuelo o canto de las aves, rayos y relámpagos, sueños y pronósticos; hepatoscopia y muchas practicas, que hoy se conocen en su mayoría como medicinas alternativas.

Todo esto estaba a cargo de magos y curanderos procedentes de Grecia, Asia Menor y Mesopotamia. Durante un millar de historia escrita, griegos y romanos consultaron a "Pitia", la profetisa de Apolo, a la cual le consultaban todo. La Pitia ejercía su oficio en estado frenético, vestida con largas ropas, con una cofia dorada y una diadema de hojas de laurel, antes de beber el agua sagrada de Casolis.

Para asegurarse que era el día indicado, y los signos favorables; se echaba agua fría sobre una cabra, y se tomaba como indicación su temblor. Después la Pitia se sentaba en el trípode, colocado sobre una grieta o cueva de la que emanaba una nube de vapor, y a veces tenía que entrar en la cueva para aspirar ese vapor. Las respuestas de la Pitia eran glosolalia (palabras ininteligibles), y tenían que ser interpretadas por el sacerdote principal, y a menudo escritas en hexámetros, como oráculos de Zeus, dados a través de Apolo.

El oficio de Pitia era tan sagrado, que la obligaban a separarse del marido, si estaba casada. Si era necesario prestaban sus servicios, en el mismo trípode, hasta tres Pitias. El culto procedía de Anatolia, tierra de chamanes, por lo que tenía caracteres extáticos.

Bajo la influencia órfica, el templo de Apolo practicó culto a los héroes y ritos a los difuntos. También influyó incluso en la doctrina platónica del cuerpo como sepulcro del alma (*soma-sema*), la preexistencia del alma, y la reencarnación. Las respuestas eran tan vagas, evasivas y ambiguas, que se necesitaban exégetas para descifrar su contenido. La Pitia declaró a Sócrates el más sabio de los hombres.

En el Concilio de Nicea en el año 325 DC, el propio Constantino recurrió a estos oráculos, e incluso san Agustín colocó a la Sibila en la Ciudad de Dios.

■ *Características del Espíritu de Grecia*

"El macho cabrío es el rey de Grecia, y el cuerno grande que tenía entre sus ojos es el rey primero."
Daniel 8:21

- **El Reino de Grecia representa estar bajo la influencia de una Imitación** (El macho cabrío no es lo mismo que el cordero inmolado.)

- **Vivir bajo la influencia del Espíritu del**

reino de Grecia es tener una visión confusa, es decir tener visión pero distorsionada.

"Y al fin del reinado de éstos, cuando los transgresores lleguen al colmo, se levantará un rey altivo de rostro y entendido en enigmas.

Y su poder se fortalecerá, mas no con fuerza propia; y causará grandes ruinas, y prosperará, y hará arbitrariamente, y destruirá a los fuertes y al pueblo de los santos.". Daniel 8:23-24

El reino de Grecia manifiesta por medio de intrigas lo siguiente (Enseñar cosas que no están en la Biblia):

a) Es opuesto a la verdad.

b) Obra en la voluntad de la mente carnal.

c) Arremete sin dudar, contrariando con avidez.

d) Opera bajo la influencia de la "Sofía" poder de la mente.

e) Desea destruir al pueblo Santo (Consagrados)

Derrotando al Espíritu de Grecia

Fue en esta parte de mundo, donde tuvo gran extensión el evangelio de Jesucristo. Con la muerte de los apóstoles, en el año 100, el espíritu de los gnósticos místicos (magia y brujería) comenzó a infiltrarse.

El mundo griego, en el cual los primeros apóstoles ministraron, estuvo lleno de tales filosofías. Los griegos fueron amantes de la sabiduría, y por eso, buscaron el conocimiento, al punto de desarrollar una mente idólatra; en otras palabras, ellos **adoraban el conocimiento**.

La palabra filosofía salió de Grecia y significa: "el amor al conocimiento". La influencia de esta operación es más que una "forma de pensar" es un principado el cual Daniel, muchos años antes vio pelear con el ángel del Señor.

Este influjo en la mente y el comportamiento sigue siendo el enemigo número uno que se opone a las manifestaciones sobrenaturales del verdadero Espíritu de Dios, y su influencia en la iglesia de Cristo ha paralizado lo profético y todo aquello que es milagroso. Esto se ve al analizar un poco más acerca de este espíritu en el párrafo bíblico descrito a continuación:

"El me dijo: ¿Sabes por qué he venido a ti? Pues ahora tengo que volver para pelear contra el príncipe de Persia; y al terminar con él, el príncipe de Grecia vendrá.

Pero yo te declararé lo que está escrito en el libro de la verdad; y ninguno me ayuda contra ellos, sino Miguel vuestro príncipe". Daniel 10: 20- 21

Los griegos fueron los guardianes de Aristóteles, Platón y de innumerables filósofos. Ellos tenían fuertes altercados o disputas tratando de defender sus puntos de vista, pues amaban **el debate y el razonamiento.**

El espíritu de Grecia funciona como una estructura rígida, impregnada de juicios y filosofías humanas, cuyo objetivo es que el individuo llegue a ser un súper hombre o un súper dios. **Este espíritu se manifiesta en forma de pensamiento,** limitando al creyente para que no entre en el Reino de Dios ni a sus dimensiones sobrenaturales. Fue en esta base del mundo, donde nació la iglesia; pero por medio de la gracia y la unción apostólica, se le dio la capacidad de vencer esta mentalidad.

Para el tiempo de los apóstoles, el mundo estaba controlado políticamente por los romanos, pero influenciado culturalmente por los griegos, quienes fueron una de las mayores fortalezas de oposición para el cristianismo. Debemos tener en cuenta que los primeros apóstoles tuvieron que confrontar a estos espíritus.

Los espíritus de intelectualismo y racionalismo impidieron a muchos el creer que Cristo había resucitado de la muerte.

Las universidades de la época estaban llenas de este espíritu. Sin embargo, los espíritus de intelectualismo, racionalismo, orgullo, debate y mente idólatra son también, espíritus gobernantes aún hoy día en muchos sistemas actuales de educación. Las diosas Atenea, Sofía y Diana forman la estructura principal que sostiene esta estructura.

- **Atenea:** Es la diosa griega que odia todo lo apostólico, profético y sobrenatural. Simboliza para los griegos la razón y la sabiduría.

- **Sofía:** Es la diosa de "la sabiduría y del amor" al conocimiento sobre todas las cosas.

- **Diana:** Es la diosa religiosa, también conocida como "la reina del cielo" y de la "fertilidad".

Leamos lo que dice la Palabra:

"derribando argumentos y toda altivez que se levanta contra el conocimiento de Dios, y llevando cautivo todo pensamiento a la obediencia a Cristo..." 2 Corintios 10:5

> **Una de las traducciones dice: "Nosotros derribamos sofismos y toda cabeza orgullosa que se levante contra el conocimiento de Dios."**

Los **sofistas** fueron filósofos griegos que se especializaban en la retórica y en la argumentación dialéctica. Ellos eran maestros, filósofos y profesionales que elaboraban argumentos complicados. El sofismo es un engaño del mismo diablo. Los judíos buscaban señales mientras que los griegos buscaban sabiduría.

"Porque los judíos piden señales, y los griegos buscan sabiduría..." 1 Corintios 1:22

Los griegos han inundado con esa filosofía todo el mundo occidental, incluyendo Europa y los Estados Unidos de América. La finalidad de este espíritu ha sido gobernar todo el mundo.

Características de la Cultura Griega

- **El humanismo:**

Esta filosofía comenzó con Hera al querer destronar a Dios del centro de atención para poner, en su lugar, al hombre como si fuera un dios. Un ejemplo es el movimiento de la Nueva Era, el cual enseña que el hombre es dios y que no necesita de un ser supremo para su existencia.

- **El narcisismo:**

Esto es la idolatría del yo. Narciso se enamoró de sí mismo. Él se veía en el reflejo de un lago y se decía: "Qué lindo soy." Hay muchos creyentes hoy día que viven para ellos y su propia agenda y no para el Señor, enamorados de sí mismos, llenos de orgullo y deleitándose en sus pecados.

- **El intelectualismo:**

Para esta corriente de pensamiento, lo más importante es alcanzar títulos, reconocimiento humano y riquezas por encima de Dios y de cualquier otra cosa.

La razón, según el pensamiento griego, es la que rige el universo. La meta es desarrollar al hombre intelectualmente y, de esa manera, llevarlo a ser un dios por sí mismo. El intelectualismo sigue siendo el pensamiento de las culturas occidentales, Rusia, Europa y otros países.

¿En Qué Consiste el Intelectualismo?

• **Niega todo aquello que no se puede explicar**, desestimando y aboliendo claramente el concepto de vivir por fe, pues éste no puede ser explicado por el método científico. Esta negación es una de las razones por las cuales la iglesia ha perdido su poder, porque cree más en lo que se puede ver a simple vista que en lo que no se puede ver, y la palabra de Dios nos manda a vivir por fe y no por vista.

"He aquí que aquel cuya alma no es recta, se enorgullece; mas el justo por su fe vivirá." Habacuc 2:4

"Porque por fe andamos, no por vista." 2 Corintios 5:7

• **Niega la existencia de los demonios**, impidiendo así la liberación en los creyentes. Desafortunadamente, encontramos a muchos creyentes en las iglesias que están atados por el enemigo, porque el pastor no cree en la liberación ni en los demonios. Una de las grandes mentiras del diablo, con la cual engaña a la humanidad, es aquella que dice que los demonios no existen, y la iglesia se lo ha creído. Veamos cómo Jesús trató con los demonios.

"Y he aquí una mujer cananea que había salido de aquella región clamaba, diciéndole! Señor, Hijo de David, ten misericordia de mí! Mi hija es gravemente atormentada por un demonio. Pero Jesús no le respondió palabra. Entonces acercándose sus discípulos, le rogaron, diciendo: Despídela, pues da voces tras nosotros. El respondiendo, dijo: No soy enviado sino a las ovejas pérdidas de la casa de Israel. Entonces ella vino y se postró ante él, diciendo! Señor, socórreme! Respondiendo él, dijo: No está bien tomar el pan de los hijos, y echarlo a los perrillos. Y ella dijo: Sí, Señor; pero aun los perrillos comen de las migajas que caen de la mesa de sus amos. Entonces respondiendo Jesús, dijo: Oh mujer, grande es tu fe; hágase contigo como quieres. Y su hija fue sanada desde aquella hora." Mateo 15:22-28

• **Resiste lo sobrenatural.** Éste es el punto más importante que quiero explicarle. Una de las razones por las cuales muchos ministros y creyentes no se mueven en lo sobrenatural, es por la influencia del espíritu de Grecia. Veamos cómo se puede manifestar en esta área:

• **Niega la sanidad divina.** El pueblo de la Biblia (Judío) fue adiestrado para ver a Dios hacer cosas extraordinarias y sobrenaturales. Nuestro Dios, Jehová de los Ejércitos, es un Dios sobrenatural y poderoso que hace milagros, sanidades, prodigios y echa fuera demonios. Su esencia es sobrenatural. Nosotros como su pueblo, tenemos que movernos en esa dimensión, pero la influencia del espíritu de Grecia ha sido tan grande que ha creado fortalezas en las mentes de las personas, impidiendo que en las iglesias, éstas sean salvas, sanas y libres, más bien prefieren razonarlo todo y si no lo entienden, no lo creen. Se debe renunciar al espíritu de Grecia si de verdad se quiere ver lo sobrenatural de Dios operar hoy más que nunca.

• **Descarta los dones del Espíritu Santo**. Muy rara vez vemos a los creyentes fluir en los dones del Espíritu Santo; hablan de ellos, pero ellos mismos no lo creen.

• **Humaniza la Palabra de Dios**. El espíritu de Grecia dice que la palabra de Dios es como la palabra de un hombre cualquiera. La mentalidad hebrea es que Dios es un Dios sobrenatural y no un hombre para ser explicado. Ésa fue la mentalidad que Jesús trajo; El demostró el poder de lo sobrenatural.

• **Amor por la belleza y la estética física**. Los griegos tenían un exagerado interés por la belleza. La adoraban más que a Dios y se podía ver en la perspectiva que tenían de la escultura, la arquitectura y los deportes.

• **Amor y adoración por el cuerpo físico.** Exaltaron de tal manera al cuerpo físico, que este se convirtió en un objeto de pasión y lascivia. Esto lo podemos ver hoy día en:

a) Las dietas
b) El deporte
c) La anorexia
d) La bulimia
e) La cirugía estética
f) Las diversidades de modas, para demarcar mas el cuerpo

• **Amor a los deportes (competencia).** Las olimpiadas tienen origen en Grecia, pero realmente lo que está detrás de estos juegos es la competencia. El espíritu de Grecia es un espíritu competitivo, donde es importante *"ser el mejor a cualquier precio".* Estas actitudes pueden entrar en el cuerpo de Cristo; se quiere ser el mejor sin importar a quién se pise, no interesando si se tiene que traicionar y comprometer principios para poderlo obtener.

El intelectualismo, el humanismo y el amor al cuerpo, traen como resultado conductas sexuales aberrantes y pornográficas. Desafortunadamente, esto se ha

introducido también en la iglesia de hoy.

• **El espíritu de Grecia trae la pornografía.** Analicemos su origen: "Porno" es un espíritu Griego de donde viene la palabra "porneia", refiriéndose a todos los abusos sexuales. Los griegos hacían sacrificios a su dios porno, realizando todo tipo de abominaciones sexuales con animales, orgías, y prostitución, entre otros. Ahora, hay muchas personas sirviendo en la iglesia que están atadas al adulterio, a la fornicación, la masturbación y la pornografía, entre otros. Desafortunadamente, el espíritu de "porno" se ha metido en la iglesia.

• **El espíritu de Grecia trae adicción a las drogas.** Una de las consecuencias que trae el espíritu de Grecia es la dependencia a los fármacos y las drogas. La */farmakeia/*, que significa farmacia. La forma como opera este espíritu es suministrándole una medicina que le cura de una cosa, pero le acarrea efectos colaterales (efectos secundarios); o sea, le curan de una cosa, pero posteriormente, se enferman de otra y así sucesivamente.

De esa misma manera, opera el sistema hoy día, y esto no es más que el espíritu de Grecia, que hace a las personas dependientes, adictas a las pastillas, a drogas y las mantienen atadas por mucho tiempo.

• **El amor a la fama**. El amor a la fama es hacer cosas que deslumbren al ojo humano y no al ojo de Dios para buscar el estrellato, la fama, la posición y el espectáculo. Esto también está metido en la iglesia. Se están haciendo cosas para que la gente vea lo que otros hacen. A muchos no les gusta servir en posiciones detrás de las escenas, sino donde todo el mundo los vea.

• **El sistema de entretenimiento**. En muchas iglesias, se buscan métodos humanos para mantener a las personas en las iglesias, o de lo contrario "se van". La iglesia se ha convertido en un club social más que un lugar de adoración, donde se debiera buscar la presencia de Dios. Los jóvenes no encuentran un sitio donde se les predique la Palabra, los adiestran con deportes o con cualquier otra cosa y no se les enseñan bases bíblicas ni el poder de lo sobrenatural. No hay compromiso, disciplina y tampoco perseverancia. La iglesia está sin poder por causa del espíritu de Grecia.

• **La gente se cautiva con lo novedoso**. *"Porque todos los atenienses y los extranjeros residentes allí, en ninguna otra cosa se interesaban sino en decir o en oír algo nuevo." Hechos 17:21*

Hay personas que tienen picazón de oír y al hacer parte de chismes y calumnias que no edifican, no muestran una actitud de arrepentimiento por los pecados y prefieren vivir cautivos por los vicios y atados a diversas maneras de vivir en forma desordenada y desobediente.

• **El espíritu de Grecia es el que da origen al show, al teatro y a las máscaras.** La palabra actor en el griego es la palabra hipócrita. Pedro mismo se sometió a este espíritu por un momento, al actuar de una forma con los judíos y de otra forma con los gentiles *(Gálatas 2:11-14)*.

Las máscaras se usaban para imitar a otra persona (doble personalidad). También, en este sentido, el espíritu de Grecia se metió a la iglesia porque muchos son los que tienen una "cara" en la iglesia y otra en el mundo, existe un espíritu dual que es activado por este reino.

Para el espíritu de Grecia, el poder y la posición otorgadas por el hombre son más importantes que la misericordia y la integridad.

Para entender esto claramente, veamos la definición de una persona íntegra.

¿Qué Es Ser Íntegro?

Es ser el mismo en público y en privado. Hoy día, es más importante que los demás les vean como perfectos, y esto no es otra cosa que el espíritu de Grecia que se levanta en contra de la verdad, de la humildad y de la integridad. Las oratorias (hermenéutica y homelética) son métodos griegos para aprender a predicar la palabra de Dios. Para un principiante puede ser beneficioso que lo use, pero si nunca se sale de esto, lleva al predicador a poner a Dios en parámetros y limitaciones en el mensaje.

Hermenéutica: viene de la palabra "Hermes" que es el dios olímpico de la sabiduría, las artes, y la escritura. Es ingenioso, elocuente, persuasivo, protector de mentirosos y ladrones; se convirtió en el mensajero de los dioses. La hermenéutica es razonamiento humano para interpretar a Dios y cuando los predicadores se dejan llevar por ella, en la mayoría de las veces, no se pueden salir sin depender de una estructura. Los bosquejos son una buena guía a la hora de predicar porque ayudan a no perder el hilo del tópico, pero no para poner limitantes a la Palabra revelada.

Muchas veces, lo que va buscando la gente es "el menú cristiano". Si lo que se predica los hace sentirse incómodos, entonces se van de la iglesia.

Bajo esta corriente de pensamiento, el amor fraternal es cambiado por la elocuencia y esto lo vemos surgir desde los tiempos de Pablo, donde unos decían:

"Yo soy de Pablo; y yo de Apolos..." 1 Corintios 1:12

Desafortunadamente, el espíritu de Grecia cambió el amor por el que habla más bonito. Hoy día, la iglesia tiende a sectorizarse con todas las ideologías del espíritu de Grecia, y esto es evidente en todo el mundo. Por eso, la autoridad apostólica es tan importante para hacer volver a buscar la unidad.

<u>Los deleites de este mundo:</u> Esto significa poner en primer lugar la vanagloria, el dinero, la posición y el tener cosas materiales, antes que las cosas espirituales. Para ellos el éxito visible aquí en la tierra se valora de acuerdo con la prosperidad, la posición, la fama y las influencias que se pueden alcanzar. El mensaje de este espíritu se caracteriza porque denigra el dolor, el sacrificio, el pagar el precio y el sufrir por los demás.

Se está predicando un evangelio demasiado cómodo y no se les habla a las personas de pagar un precio, de negarse a sí mismo y de obedecer lo que dice la Palabra de Dios ante todas las cosas.

¿Cuál Es la Solución?

La Palabra nos enseña en 3 *Juan 1:2* lo siguiente:

"Amado, yo deseo que tú seas prosperado en todas las cosas y que tengas salud así como prospera tu alma."

Está bien que se quiera prosperar materialmente, sin embargo hay que darle prioridad a una verdadera relación con Dios y lo demás vendrá por añadidura. Por ejemplo, el pecado aparentemente es apetecible por un tiempo, pero después te destruye y te lleva a la separación con Dios.

Como Ser Libre del Espíritu de Grecia

Lo primero que se tiene que hacer es renunciar a toda fortaleza de ese espíritu. Hay un sin número de creyentes, líderes y ministros atados de esta manera. Sus vidas están secas y no pueden andar en lo sobrenatural, por eso es que deben hacer una decisión de renovación. También es necesario hacer guerra en contra de este espíritu utilizando las armas que el Señor ha dado.

Una de las maneras de hacerle guerra es demostrar el poder de lo sobrenatural de Dios, por ejemplo: milagros, sanidades, prodigios, liberación y otras señales por medio de la unción dada a los diferentes ministerios que ha sido otorgada a la Iglesia de Jesucristo.

"Volveos a la fortaleza, oh prisioneros de esperanza; hoy también os anuncio que os restauraré el doble. Porque he entesado para mí a Judá como arco, e hice a Efraín su flecha, y despertaré a tus hijos, oh Sion, contra tus hijos, oh Grecia, y te pondré como espada de valiente." Zacarías 9:12, 13

Una de las manifestaciones de la unción apostólica es la demostración de lo sobrenatural. Donde quiera que vaya un apóstol, un profeta, un evangelista, un pastor o un maestro **genuino**, tienen que ocurrir milagros, sanidades, maravillas y prodigios. Se debe guerrear contra el espíritu de Grecia demostrando lo sobrenatural de Dios.

"Así que, hermanos, cuando fui a vosotros para anunciaros el testimonio de Dios, no fui con excelencia de palabras o de sabiduría. Pues me propuse no saber entre vosotros cosa alguna sino a Jesucristo, y a éste crucificado. Y estuve entre vosotros con debilidad, y mucho temor y temblor; y ni mi palabra ni mi predicación fue con palabras persuasivas de humana sabiduría, sino con demostración del Espíritu y de poder, para que vuestra fe no esté fundada en la sabiduría de los hombres, sino en el poder de Dios." 1 Corintios 2:1-5

Las demostraciones de echar fuera demonios y fluir en los dones del Espíritu Santo son el antídoto contra el espíritu de Grecia que niega lo sobrenatural; la Biblia enseña que Dios es maravilloso y Todopoderoso, y que está dispuesto a intervenir favorablemente manifestando de continuo el poder de su santa presencia.

CAPITULO 7

ROMA

*"**D**espués de esto miraba yo en las visiones de la noche, y he aquí la cuarta bestia, espantosa y terrible y en gran manera fuerte, la cual tenía unos dientes grandes de hierro; devoraba y desmenuzaba, y las sobras hollaba con sus pies, y era muy diferente de todas las bestias que vi antes de ella, y tenía diez cuernos."* Daniel 7:7

El cuarto reino fue el imperio romano, con un gobierno de "sistema Republicano". Tenía un senado cuyos miembros eran escogidos por los ciudadanos por medio de votos. Ellos representaban al pueblo; tomaban decisiones nacionales; declaraban la guerra y también podían crear leyes. Según la historia alrededor del año 27 a.C. se convirtió en una dictadura bajo Octavio (aunque el Senado todavía existía y este influenciaba varias partes del gobierno). Octavio era el sobrino de Julio César, y asumiendo el titulo de Augusto, se convirtió en el primer emperador de Roma, tomando la forma de un imperio desde ese momento en adelante. Después de la muerte del conquistador griego Alejandro Magno, su imperio se debilitó y se dividió en cuatro provincias y en el año 168 a.c. Roma, el imperio de hierro, derrotó a los griegos en la batalla de Pidna. César Augusto era quien gobernaba el Imperio Romano cuando Cristo nació y realizo su ministerio en la tierra. (Lucas 2:1).

Este gobierno fue muy importante ya que Daniel, lo describe como el último reino temerario y sanguinario donde sus piernas de hierro representan la longitud de su extensión, tanto en territorio como en tiempo. Gibbon, historiador del siglo XVIII, sin duda tenía la profecía de Daniel en mente cuando escribió: *"Las imágenes de oro, plata o bronce que podían servir para representar a las naciones y sus reyes, fueron sucesivamente quebradas por la férrea monarquía de Roma"*. -Edward Gibbon, The History of the Decline and Fall of the Roman Empire (John D. Morris Company), tomo 4, pág. 89.

▮ *Características del Reino de Roma*

"La bestia que vi era semejante a un leopardo, sus pies eran como los de un oso y su boca de un león. Y el dragón le dio su poder, su trono y gran autoridad."Apocalipsis 13:2

▮ • **Este reino es la mezcla de varios reinos:**

Al combinar toda la fuerza de todos los reinos anteriores a este; Roma se caracterizó como un imperio que abarcaba gente de diferentes culturas: desde los bárbaros del norte de Europa, hasta los nativos de África y los árabes del Medio Oriente. El imperio Romano iba adaptando y acrecentando las estrategias de su ejército según iba avanzando y conquistando nuevas provincias y culturas. A medida que el imperio se extendía tomaban prisioneros, esclavos y en muchas ocasiones, mercenarios de las distintas regiones. De ese modo se iba acrecentando su ejército y sus posesiones en tierras.

Esto no solo ocurrió en la fuerza militar, sino que también fue rápido en adoptar las costumbres de los griegos esencialmente de ellos las creencias religiosas. Las más común entre los ciudadanos romanos, consistía en que las culturas conquistadas, podían adorar sus propios dioses, con la diferencia que les deberían cambiar sus nombres. Por ejemplo: el dios griego Zeus, era el mismo dios romano Júpiter, quien en Egipto representaba a Rá, y así sucesivamente en otras deidades. Roma facilitó la difusión de diferentes culturas y religiones bajo un mismo sistema de gobierno y evidentemente la mayor parte del imperio romano era de trasfondo griego, egipcio y babilónico. Pero indiscutiblemente, la cultura de Grecia influenció grandemente en la Romana, especialmente en las provincias al este de la capital.

Lo que se puede ver claramente, es la recopilación de todos los reinos anteriores, tanto en organización, como en poder militar y por supuesto en las creencias religiosas. Su influencia llegó hasta los habitantes de la Gran Bretaña en la parte más al norte de Europa. Roma buscó unir todas las culturas y religiones con el propósito de controlar a todos; mientras que éstos a la vez, seguían sus propias creencias paganas.

- **Roma trae una falsa unidad.**

Influenciando a quienes subyuga, Roma trata de unir a todas las provincias con mano de hierro y presión.¿Cómo podemos identificar esta influencia en nuestros días? Recordemos las palabras de nuestro Señor Jesús cuando dijo:

*"Si fuerais del mundo, el mundo amaría lo suyo; pero porque **no sois del mundo**, antes yo os elegí del mundo, por eso el mundo os aborrece." Juan 15:19.*

No te puedes unir al espíritu de "engaño de Roma" sino que tienes que marcar la diferencia. Este espíritu trata de que los cristianos verdaderos se unifiquen a otras religiones, declarando, después de todo, "estamos juntos y cada uno adora a su Dios". Así actuaban los antiguos romanos. Esto es una táctica del espíritu de mentira que trata de quitarle siempre la gloria a Cristo, pues solo a través de Él es que se puede ir al Padre.

"Jesús les dijo: Yo soy el camino, y la verdad, y la vida; nadie viene al Padre, sino por mí." Juan 14:6

Hay que estar bien atento, cuando una institución trata de quitarle la gloria al nombre poderoso de Jesucristo, porque cuando eso ocurre se está moviendo el espíritu de Roma. Esto será muy palpable al fin de los tiempos.

• **Amor al materialismo.**

Roma trajo a todas sus provincias conquistadas lujo y comodidad. Además de grandes acueductos que fueron construidos por todas partes del imperio, los romanos trajeron a sus conquistados tantos beneficios, que muchos simplemente pidieron ser subyugados por Roma. Por todo el imperio se edificaron baños públicos, circos de arenas para el entretenimiento del populacho (donde se realizaban teatros, competencias, espectáculos y banquetes). Poco a poco la gente empezó a amar más y más la comodidad, los placeres y las cosas materiales.

También comercializaban y traían cosas exóticas del oriente, a través de todas las ciudades del imperio, la gran mayoría de gente participaba en fiestas dedicadas a los dioses, con borracheras y lujurias de todo tipo. El amor al dinero y la fama se difundieron por todo el imperio y mercaderes de todas partes se beneficiaron en gran manera de los ricos opulentos que compraban especies, sedas y todo tipo de bienes extravagantes prominentes de tierras lejanas. Hoy mas que nunca se puede ver como está modalidad influye en el mundo de hoy. A veces la gente pone a Dios a un lado con tal de ser ricos y tener los placeres de este mundo.

Mas Jesús dijo claramente:

"Porque donde está vuestro tesoro, allí estará también vuestro corazón." Lucas 12:34.

Asegúrate de que tu corazón este en el Reino de Dios.

- **La modalidad de Roma se inclino hacia la arrogancia.**

Tras sus grandes construcciones y conquistas los romanos se convirtieron cada vez más en seres arrogantes. Tanto era el endiosamiento, que ellos mismo creían que habían conquistado casi todo el mundo. Eso ocurrió cuando el Emperador Trajano conquistó la antigua ciudad de Babilonia; en si el mundo se extendía mucho más allá de lo que ellos podían pensar. Es evidente notar que hoy en día muchos llamados siervos han caído bajo esa forma de pensar. Muchos han creído que sus ministerio son los únicos en crecimiento, y adoptan el pensar que ellos solos son los que están bien. No permitas que la soberbia que influyo a Roma tenga parte contigo, porque en la humildad Dios se mueve, más el corazón que está lleno de orgullo, será abatido.

Un proverbio nos dice:

"Cuando viene la soberbia, viene también la deshonra; Mas con los humildes está la sabiduría."
Proverbios 11:2

• **El espíritu de Roma trae conformismo.**

Hay gente cristiana que se ha conformado en congregarse una vez a la semana. Existen creyentes de años, que no participan ni sirven en la congregación. El conformismo es estancamiento en el cual no se fluye ni se avanza. Es un girar en los mismos problemas, ser mediocre, sin salir de un círculo vicioso. Es estar en el desierto por años sin avanzar a lo prometido. Esto indica que debes tener cuidado para que el espíritu de Roma, no te lleve al conformismo e indiferencia, sino que sigas moviéndote en la voluntad de Dios para servir y estar activo en el Reino de Dios y no en lo que te ofrece "Roma."

- ## • El perfil de Roma y la adaptación a las creencias religiosas.

Como ya hemos mencionado antes, Roma aceptaba por lo general la práctica de todas las religiones bajo su gobierno y promovía la unión de varias creencias bajo un mismo nombre. Leamos lo que dice las Enciclopedias con respeto a los dioses venerados por los Romanos.

"Los romanos entendían por religión la relación entre ciudadanos y dioses, en la cual los primeros buscaban el favor divino y trataban de mantener la paz con los dioses. El gran número de dioses y la cantidad ilimitada de seres divinos en la religión romana antigua respondía a la necesidad de reconocer la acción divina en lo más cercano y cotidiano y actuar en armonía con ella. Existía un tipo de divinidades especiales para cada tipo de actividad agrícola, la ganadería, los que cuidaban a los hombres de su nacimiento hasta su muerte. La huella más evidente de la cultura greco-romana tiene forma de esculturas y templos, pero su pensamiento y mundo divino es parte de una herencia que perdura e influye en el pensamiento occidental.

Como la mayor parte de las religiones de la Antigüedad, los romanos eran politeístas. Sus divinidades eran personificaciones de las fuerzas de la Naturaleza. La base de la religión consistía en creer que sus dioses eran inmortales y con los mismos defectos que los seres humanos. Por eso, aquellos dioses tendían a procrearse tanto con divinidades como con seres humanos.

Los romanos bautizaron a los dioses griegos con nombres que imponía el Imperio romano. Así, Afrodita era Venus, Apolo era Febo, Ares era Marte así como Poseidón era Neptuno. Júpiter, que era el Dios Supremo, padre espiritual de los dioses y hombres. Su mujer, Juno, era la reina de los cielos y guardiana del matrimonio. Otros dioses asociados con los cielos son Vulcano, dios del fuego y los herreros, Minerva, diosa de la sabiduría y de la guerra, y Febo, dios de la luz, la poesía y la música. Vesta, diosa del hogar y Mercurio mensajero de los dioses y soberano de la ciencia. Atlas, uno de los doce titanes, fue condenado a soportar sobre sus hombros el planeta Tierra. Saturno era otro de los Titanes. Devoraba a sus hijos según iban naciendo, sólo escapó Júpiter. Tellus o Gea (la Tierra) le había predicho que sería destronado por sus hijos, como así fue.

De la unión de Urano y la Rea nacieron los 12 titanes, de los cuales dos, Saturno y Cibeles, engendraron a la primera generación de dioses, a saber: Júpiter, el todopoderoso dios del cielo; Juno, su esposa, diosa del cielo y del matrimonio; Neptuno, que supuestamente reinaba sobre el mar; y Plutón, señor del reino de los muertos. Además, la virilidad de Saturno tuvo una polución sobre el mar y de ella nació Venus, la diosa del amor y la belleza. A estos dioses sumaban los de la segunda generación, nacidos unos de la unión de Júpiter y Juno. Marte, dios de la guerra; Vulcano, dios del fuego; Minerva; la inteligencia; Apolo, el sol y las artes: Diana, la luna, la castidad; y Tellus, personificaba la madre tierra, hija de Caos".

Las huellas de esta religión pagana la conservamos en nuestro calendario; Domingo día del sol, lunes día de la luna, así sucesivamente hasta llegar al sábado, día de saturno. La mitología Greco-romana se ha ido reafirmando simplemente pasando con otros nombres repitiéndose a través de las edades. Es muy importante destacar El Mitreismo o "misterios de Mitra", una religión mistérica muy difundida en el Imperio Romano entre los Siglos I y IV d.C. en el cual se le rendía culto. Tuvo mucha aceptación entre los soldados romanos.

En la actualidad esta modalidad la han querido actualizar y desde décadas atrás que se esta trabajando especialmente con las religiones mas populosas del mundo; el objetivo principal es orar juntos bajo una misma capilla y cada uno lo hace a su dios.

No siempre se identifica como "Ecumenismo" también los grupos "carismáticos musulmanes" que hoy alcanzan un 22% de la población, están tratando de negociar unidad de paz y religiosa con Israel. Esta forma de pensar se ha usado ya en el ámbito cristiano; es el que trata de infiltrarse en la iglesia como algo inofensivo. ¿Que comunión hay entre lo santo y lo profano? Acaso podemos comparar o mezclar la luz con las tinieblas, el agua con el aceite? Estas falsas alianzas religiosas al final traen confusión entre los fieles, produciendo división en el verdadero cuerpo de Cristo.

▨ *Culto a Mitra, el dios-sol*

Uno de los enemigos mas sagaces que confrontó el evangelio del Reino de Dios desde el siglo primero hasta el quinto, fue el "Mistraismo" o "Misterios de Mitra"; un culto místico, misterioso y adoptado por el Imperio Romano que influencio al cristianismo que estaba naciendo en esa época. Durante los primeros 280 años de la historia cristiana, los que predicaban a Cristo o se autodenominaban cristianos, eran acusados por el Imperio Romano y perseguidos hasta la muerte. Esta situación cambió después de la aparente "conversión" del emperador romano Constantino, quien visualizó al cristianismo como una religión que pudiera unir al Imperio, el cual en ese tiempo comenzaba a fragmentarse y dividirse. Esta decisión afectaría radicalmente a la verdadera imagen del evangelio de Cristo, y les explicaremos el porque.

▍ • Mezcla y paganismo

Constantino era devoto adorador de Mitra (el dios sol) y promovió la mezcla del verdadero cristianismo con este culto pagano. Dedujo que con la gran extensión del Imperio Romano y siendo este tan diverso en culturas, no todas las personas accederían a renunciar a sus creencias paganas e idolatras, para abrazar el cristianismo (que no permitía la idolatría y los altares a falsos dioses en su lugar). Así que promovió la "cristianización" de todos los paganos. Mitra era un dios conocido en la antigüedad, principalmente en Persia e India como el dios de la luz solar. Se le representaba como un hombre joven con un gorro frigio, matando a un toro. Debajo de su capa desplegaba, el cielo estrellado. Las imágenes mas antiguas, lo dibujaron con cara de león y una gran serpiente enroscándole su cuerpo; alrededor de el tenia los doce signos del zodiaco, así como el sol y la luna. También se le consideraba que influenciaba tanto el equinoccio* de la primavera como el del otoño.

El 25 de Diciembre se le celebraba su nacimiento, por esa causa, Constantino proclamó ese día como el nacimiento también de Jesús; una forma de contentar a todos.

El "Mistraismo" estaba relacionado con actividades de sacrificio tanto de animales como de personas. Tuvo gran auge especialmente entre los soldados romanos los cuales debían tener ceremonias de iniciación. Gracias a Tertuliano, se conoce el rito de iniciación de los soldados (*Miles*): el candidato era "bautizado" con sangre o agua y era marcado con un hierro candente, por último se le probaba mediante el "rito de la corona" (se le colocaba la corona en la cabeza, y el neófito debía dejarla caer, proclamando que Mitra era su corona).

A este culto pagano solo los hombres le era posible iniciarse en el y era prohibido escribir o revelar los ritos secretos del mismo. Por eso, todo lo que se sabia de esta secta era conocido por trasmisión oral.

Los adoradores de Mitra usaron cuevas naturales, grutas y mas adelante levantaron pequeños oráculos de poca capacidad, que siglos después fueron convertidos en criptas donde se levantaron encima de sus ruinas, grandes catedrales. La mayor concentración de Mitreos se encontraba en la capital de Roma, Italia. Era posible que los cultos a Mitra llegaron desde Irán (Persia) por la similitud de sus creencias, similares al zoroastrismo llegando a ser una especie de herejía.

Aunque nunca se le concedió el estatus "oficial" de religión reconocido en el imperio; sí lo fue de forma implícita cuando Constantino y los siguientes emperadores romanos reemplazaron el Mitraismo por el Cristianismo. Una de las características claves del Mitraismo era una comida de sacrificio*. El rito consistía en comer la carne y beber la sangre de un toro. Mitra, el dios del Mitraismo, estaba "presente" cuando eran consumidos los alimentos y se le otorgaba la salvación a aquellos que tomaban parte en la comida del sacrificio.

• De Cesares a Máximo Pontifico

La supremacía del obispo romano (el papado), fue creado con la ayuda de los emperadores romanos.

*En la actualidad en la noche de Halloween se realiza estas ceremonias para ridiculizar y blasfemar del verdadero sacrificio de Cristo, llamada **Misa negra**. Donde usan drogas, beben sangre, y consagran a los demonios sacrificios de animales y humanos. Satanás como el supuesto "Mitra" esta presente.

Siendo la ciudad de Roma el centro de gobierno del imperio romano (y con los emperadores romanos viviendo en Roma), la ciudad se levantó en todas la facetas de la vida. Constantino, y sus sucesores, dieron su apoyo al obispo de Roma como el supremo gobernante de la iglesia. Cuando el imperio romano se colapsó, los papas tomaron el título que previamente había pertenecido a los emperadores romanos *Pontificus Maximus*.

El origen de la Iglesia Católica es el trágico compromiso del cristianismo con las religiones paganas que la rodeaban. En vez de proclamar el Evangelio y convertir a los paganos, la Iglesia Católica "cristianizó" las religiones paganas, y paganizó el cristianismo. Al mezclar las diferencias y borrar las características distintivas, la Iglesia Católica se hizo a sí misma atractiva a la gente del imperio romano. Uno de los resultados fue que se convirtiera en la religión suprema en el "mundo romano" durante siglos. Sin embargo, otro resultado fue la más dominante forma de apostasía del cristianismo del verdadero Evangelio de Jesucristo y la verdadera proclamación de la Palabra de Dios.

En algún momento de la evolución del mitraísmo, se utilizó también el rito del *taurobolium* o bautismo de los fieles con la sangre de un toro, practicado también por otras religiones orientales. Conocemos por Tertuliano las severas condenas cristianas a estas prácticas. Los adeptos de Mitra santificaban también el domingo, día del Sol.

• **El remplazo del Mitraísmo.**

A finales del siglo III se produjo un sincretismo entre la religión Mitraica y ciertos cultos solares de procedencia oriental, que cristalizaron en la nueva religión del *Sol Invictus*. Dicha religión fue establecida como oficial en el Imperio en el año 274, por el emperador Aureliano, quien erigió en Roma un espléndido templo dedicado a la nueva divinidad, y creó un cuerpo estatal de sacerdotes para rendirle culto, cuyo máximo dirigente llevaba el título de *pontifex solis invicti*. Este sincretismo, sin embargo, no conllevó la desaparición del mitraísmo, que siguió existiendo como culto no oficial. Muchos de los senadores de la época profesaron al tiempo el mitraísmo y la religión del

Sol Invictus.

• Las similitudes con las religiones modernas

Estudios arqueológicos e históricos recientes han mostrado que antes de Cristo existían en Egipto, centro de Asia y el Mediterráneo varias corrientes religiosas con núcleos de miembros que formaban sociedades secretas y practicaban ritos en los cuales se usaban simbologías basadas en las posiciones de las constelaciones, los planetas, el sol y la luna. Es también posible que tales sociedades secretas antiguas hayan tenido una raíz común en aquellos que estudiaban y registraban el movimiento de las estrellas. Ellas proporcionaron muchas de las alegorías que todavía se utilizan en algunas religiones e incluso en instituciones no religiosas como la masonería.

• Falso Cristo –Falso sol

Tengamos en cuenta que la modalidad de Mitra es la del "Falso Cristo". Falso es, imitador, o se parece a una cosa real no es el original ni el verdadero. Falso también se define como: que es contrario a la verdad o no se ajusta a ella.

Otra definición es que engaña o conduce a engaño. *Falso(a)* *adj.* Contrario a la verdad por error o malicia. Que no es real, que tiene solo la apariencia de las cosas.

Este fue un culto para suplantar a través de los adeptos, a los nuevos conversos al cristianismo. Hoy en día muchos sin saberlo engañados por espíritus de error, adoran a un "falso cristo". Lo que están haciendo sin lugar a dudas, es invocar a dioses ancestrales con diferentes nombres.

En America lo hacia el Imperio maya. Estos se destacaban por ser adoradores del dios sol, por sus sacrificios y por su feracidad . Sus pirámides y sus altares junto con los sacrificios humanos, eran una iniciación al culto pagano Mítrico. Basado en la astrología lograron hacer un calendario particular.

Este culto hoy esta fingido y disimulado con un tono de camuflaje en las sociedades secretas, sectas, ocultismo, danzas al sol, invocación frente a las pirámides, Nueva Era y el Neo-cristianismo. Hoy existe un gran auge por los cultos paganos, todo esto se mueve en el plano de lo oculto y oscuro.

En lo espiritual, las invocaciones a través de la meditación, danzas y tambores, hacen resurgir de las profundidades del pozo del abismo, a las potestades de maldad haciendo que se manifiesten. Muchos son los engañados que creyendo que son salvos están en ceguera espiritual invocando al "falso cristo".

▰ *La destrucción de los Reinos*

Si recordamos la imagen del sueño de Nabucodonosor y sus cuatro partes (cuatro reinos) recordaremos que toda esta figura estaba unida y no separada, y las piernas (que es la extensión mas larga) es el reino en donde todavía nos movemos; el reino bajo la influencia del sistema de Roma. Apenas han pasado casi dos mil años y la estatua sigue en pie. Cuando el monte de Dios, que es Sión, que representa su Reino, su Gloria y su Majestad descienda al final de los tiempos y la piedra golpee los pies de la estatua, se caerá el último reino juntamente con toda la estatua.

1. Al golpear los pies se derribará Babilonia, que es la falsa religión que oprime a la humanidad con engaño.
2. Caerá Persia con sus adoración a los astros, sus hechicerías y magias.
3. Caerá Grecia con sus filosofías, su ateismo, y su humanismo. Con ello se acabará lo mas rudo y cruel que es el terrorismo, la violencia y las muertes, junto con las guerras y la mafia organizada.

La Iglesia no es de este mundo; Su Reino es de arriba y la novia de Cristo, Su Iglesia espera la manifestación del día glorioso en el cual seremos manifestados como Él es.

El sistema republicano da una libertad falsa, en lo sensual, no pone riendas. Dentro de los Cesares se movían inclinaciones de falsedad, egoísmo y mentira. Aun el asesinato, la traición y el suicidio eran parte de la cultura. Las fiestas, banquetes y los homenajes a los victoriosos guerreros cuando regresaban a Roma, los recibían con grandes celebraciones y proclamaciones de triunfos. Así como fiestas con danzas exóticas, comidas exuberantes y mucho vino, combinado con lujuria y placer. Todo esto, mas la corrupción política hizo que cayera el imperio romano.

Como Salir De Este Estilo De Vida

Hoy en día algunos sin darse cuenta, han caído en este estilo de vida ambicioso y egoísta, usando la mentira para competir contra otras personas, empresas o negocios. La mentira, el engaño y la falsedad se mezcla como el hierro y el barro aun entre dominaciones eclesiásticas.

La Palabra de Dios dice: *Salid de en medio de ella, pueblo mío!* Dios no exhorta a que se salgan de este mundo sino que no se participe de lo que ellos hacen. Para escapar de este engaño primeramente se necesita, descubrirlo con discernimiento y con la Palabra de Dios.

La unción genuina del Espíritu Santo, es el arma poderosa; esta descubre la falsa religiosidad escondida en ella. Los hijos de Dios verdaderos se están levantando en estos tiempos para vencer el ataque del sistema religioso de Babilonia; el de astrología y esoterismo de Persia, las filosofías y el humanismo procedente de Grecia y la lujuria y fama de Roma.

Toda la estatua es el gran sistema que adquirirán los gobiernos del mundo. Se unirán como un solo Reino y le harán guerra a los que estén en el verdadero Reino de Dios. Este es el momento apropiado que la iglesia se levante con poder y establezca el único y verdadero Reino de nuestro Señor Dios y de su Cristo.

Capitulo 8

El Reino de Dios y Sus Oponentes

▣ Entonces... ¿Qué es el Reino de Dios?

Esta es una pregunta que cada seguidor de Cristo debe saber contestar y a la vez, experimentar en su vida. El Reino de Dios es su dominio, la extensión del cielo a la tierra, es Su gloria manifestada, es Su presencia en medio de Sus seguidores. El Reino es descrito en la Palabra de Dios, de manera diferente. La expresión "el Reino de los Cielos" también es usada como un nombre para referirse al Reino de Dios. Este es idéntico a las diferentes maneras de describirlo. En los evangelios, las cartas Paulinas y aún en el libro de Juan, encontramos muchas maneras distintas para referirse al Reino, pero todas ellas representan lo mismo: el Reino de Dios.

- **Reino del Padre**. En *Mateo 26:29*
- **Reino de los cielos.** En *Mateo 4:17*
- **Reino de Jesús.** En *Apocalipsis 1:9*

- **Reino de Cristo Jesús.** En *2 Timoteo 4:1*
- **Reino de Cristo y Dios.** En *Efesios 5:5*
- **Reino de nuestro Señor y Su Cristo.** *Apc. 11:15*
- **Reino** "del Hijo de Su amor" *Colosenses 1:13*

Si tienes claro cual es el concepto de un reino, sabrás entonces cómo debes moverte y que es lo prohibido y lo aceptable en Él. La pregunta sería entonces, ¿cuáles son las leyes del Reino de Dios? y ¿Qué hay que hacer para ser apto y recibir los beneficios del mismo? La leyes del Reino, Jesús mismo las hablo en parábolas y los misterios de Dios los reveló a los pequeñitos, a los simples y pobres en espíritu. Jesús continuamente estaba enseñando acerca del Reino y manifestó sus milagros y señales como confirmación de su verdad.

¿Por qué entonces es importante profundizar acerca del tema? Muchos de los creyentes hoy en día viven en una religión porque desconocen el ámbito espiritual en el cual se desenvuelven. Si crees que necesitas conocer acerca de cómo funciona realmente este Reino divino, es necesario que atiendas y recibas la impartición acerca de este tema. En Lucas 17: 20-21 Jesús esta contestando una pregunta formulada por los religiosos de su época:

...cuándo había de venir el reino de Dios, les respondió y dijo: El reino de Dios no vendrá con advertencia, Ni dirán: Helo aquí, o helo allí; porque he aquí el Reino de Dios está entre vosotros."

Jesús contesta la pregunta de la venida palpable del Reino de Dios asegurando que ya estaba y se movía entre ellos. Este Reino siempre existió desde antes de la fundación del mundo, y Jesús fue el escogido por Dios Padre, para que lo manifestara (aunque encubiertamente y solo para serle revelado a algunos y por parábolas). El Reino aun está y se mueve en todo lugar, tanto en el universo, en el tercer cielo, (la morada de Dios) como en la tierra, a través de su iglesia.

Retomemos entonces la pregunta **¿Qué es el Reino de Dios?**

Este Reino es eterno y duradero por los siglos de los siglos sin fin. El Reino le pertenece al Dios creador y a través del mismo, se exteriorizan sus principios, carácter, orden, y sobre todo la ley que es la esencia de Su voluntad perfecta.

El Reino de Dios esta donde el Señor Jesucristo gobierna en el corazón. Para ello hay que reconocerlo como Señor y Salvador personal. El Reino de Dios no es visible al ojo del indiferente, porque solamente se revela a quienes lo han buscado y lo han hallado. Los súbditos de este Reino son todos aquellos que reconocen y deciden obedecer a Jesucristo como el único redentor de sus pecados. Jesucristo es el sucesor del reinado de David, y este es perpetuo y duradero.

Lo dilatado de su imperio y la paz no tendrán límite, sobre el trono de David y sobre su reino, disponiéndolo y confirmándolo en juicio y en justicia desde ahora y para siempre. El celo de Jehová de los ejércitos hará esto. Isaías 9:7.

▓ El Reino no es una Organización

El Reino de Dios no es una denominación o un concilio. Las denominaciones son organizaciones hechas por los hombres que se han establecido con el propósito de organizar y llevar un orden administrativo. En las cartas Paulinas encontramos la revelación de la verdadera Iglesia. Esta no es simplemente una denominación u organización religiosa.

La verdadera Iglesia estaría compuesta de todos aquellos que primeramente nacieran de nuevo volviéndose en ciudadanos del Reino de Dios. La verdadera Iglesia es el cuerpo espiritual y corporativo que Dios estableció en la tierra. A través del Evangelio predicado a todas las naciones este Reino se extendería y crecería, y entonces vendría el fin de los imperios de este mundo. Logrando así, llegar a la manifestación visible del mismo, a través de la segunda venida de Cristo.

> **La Iglesia no sólo debe predicar y enseñar el Evangelio del Reino, más bien debe proporcionar un modelo claro, de la vida en el Reino de Dios.**

La Iglesia debe operar por los patrones y principios del Reino, y debe demostrar en su estilo de vida lo enseñado por Jesucristo su Rey.

La Extensión del Reino de Dios

El Reino de Dios existió en el pasado, existe en el presente, y existirá en el futuro, pero siempre lo ha hecho de diferentes formas. En la actualidad en el mundo natural, el Reino de Dios vive individualmente dentro de cada hombre, mujer, joven o niño que ha hecho de Jesús el Señor de sus vidas. En el futuro, habrá una revelación visible con la manifestación real del Reino de Dios. Ahora, debe ser entendido con una mente espiritual:

"Pero el hombre natural no acepta las cosas que son del Espíritu de Dios, porque le son locura; y no las puede comprender, porque se han de discernir espiritualmente." 1 Corintios 2:14

En el pasado, se ha predicado de la vida y ministerio de Jesucristo, pero el énfasis dado al Evangelio del Reino no ha sido suficiente. Jesús dijo a los líderes religiosos de su tiempo:

"...¡Ay de vosotros, escribas y fariseos, hipócritas! Porque cerráis el reino de los cielos delante de los hombres. Pues vosotros no entráis, ni dejáis entrar a los que están entrando." Mateo 23:13.

Las ambiciones humanas y el mantener las costumbres enraizadas fue la contradicción mas fuerte que Jesús se confrontó contra los religiosos de su época.

Jesús y el Reino

Jesús empezó su ministerio terrenal declarando la llegada del Reino (Mateo 4:17). Pero también concluyó su ministerio terrenal, hablando de las cosas que pertenecen al Reino (Hechos 1:3). Entre el principio y fin de su ministerio terrenal, siempre mantuvo el mismo énfasis.

"Pero él les dijo: Me es necesario anunciar el evangelio del reino de Dios a otras ciudades también, porque para esto he sido enviado." Lucas 4:43

El Reino de Dios era el mensaje principal de Jesús.

Sus enseñanzas y parábolas se enfocaron en el Reino. Sus milagros eran una demostración del Reino en acción. Jesús exhortó *a buscar primeramente el Reino de Dios y su justicia,* para que todo lo demás (ropa comida, dinero, gozo y abundancia) fuera añadido. Para residir en el Reino de Dios, se requería un nuevo estilo de vida, un cambio de mente y de comportamiento. Para todo esto se debería ir mas allá del conocimiento convencional y realmente experimentarlo en lo practico, haciéndolo realmente el propósito central de la vida.

Todo ser humano busca el significado de su vida, quiere saber por qué vivir y morir.

¡Haz del Reino de Dios tu propósito central en la vida y en tu llamado divino y te sentirás que es una causa eterna a la cual puedes estar seguro de dar tu total obediencia!

¿Qué es el Mundo Natural y el Espiritual?

El mundo natural es lo que puedes ver, oír, palpar, saborear y gustar. Por eso Dios le dio al hombre los cinco sentidos. Es el mundo visible alrededor de tu vida. El mundo natural es tangible y material. El país, la nación, la ciudad o el pueblo en el que vives son parte del mundo natural. Eres residente de un reino localizado en los continentes del mundo. Puedes ver las personas que son parte de tu ambiente así como comunicarte con ellos. Además, hay otro mundo que te rodea del cual eres partícipe también, es el mundo invisible.

Este está compuesto de dos reinos espirituales: el sistema mundano influenciado por Satanás con sus demonios, y el Reino de Dios. El hombre existe en dos esferas: la natural y la espiritual. Si te comunicas con Dios, lo haces a través de tu espíritu directamente a El, porque Dios es Espíritu y verdad. No puedes verlo con tus ojos físicos, de la misma manera que no puedes ver al Espíritu Santo, ni a los ángeles ni a los demonios, (al menos que Dios te abra los ojos espirituales), pero el mundo espiritual se mueve tan real como el mundo natural. El Apostol Pablo escribió acerca de esto, cuando dijo:

...También hay cuerpos celestiales y cuerpos terrenales. Pero de una clase es la gloria de los celestiales; y de otra, la de los terrenales. 1 Corintios 15:40.

Todos tenemos un cuerpo humano que vive en el mundo natural. Este cuerpo tiene una mente que no es necesariamente el cerebro, con un corazón de carne y un corazón "nuevo" (si has dejado que Dios te lo cambie). Al igual que un cuerpo espiritual que cada día le debes de colocar la armadura de Dios.

▓ Los Dos Reinos Espirituales

En el mundo se mueven los reinos naturales bajo la influencia del reino de las tinieblas y son manejados por los principados territoriales. Inevitablemente, los reinos del mundo están bajo el control de Satanás.

En el ayuno de cuarenta días que Cristo realizó, Satanás quiso tentarlo con estas palabras:

"Otra vez el diablo le llevó a un monte muy alto, y le mostró todos los reinos del mundo y su gloria. Y le dijo: ...Todo esto te daré, si postrado me adoras." Mateo 4:8-9.

Gracias al Dios que Cristo tenia una clara visión de quien era, y no se dejo influenciar por el ataque directo a su personalidad. El tenia una fuerte percepción de su persona enfocado en su futuro.

En un futuro próximo , todos los reinos del mundo se volverán bajo el dominio absoluto del Reino de Dios y Jesucristo gobernará sobre ellos:

"El séptimo ángel tocó la trompeta. Y en el cielo se oyeron grandes voces que decían: "El reino del mundo ha venido a ser de nuestro Señor y de su

Cristo. Él reinará por los siglos de los siglos."
Apocalipsis 11:15

El mundo espiritual siempre existió bajo la extensión del Reino de Dios.

Cuando se hizo manifiesto el espíritu de iniquidad, se inició la rebelión en el cielo, y una tercera parte del ejercito celestial se sublevó. De ahí toma forma el reino opositor insurrecto contra la autoridad delineada del Reino de Dios.

Hasta el día de hoy, el reino del mundo sigue la batalla, y continua lleno de anarquía e iniquidad como el primer día.

La maldad y el odio contra Dios se expandió en la tierra, como una nube de oscuridad a través del primer insurrecto llamado Caín. Por tal razón dentro del mundo espiritual el nombre del oponente se llama: "el adversario".

Todo el que conspira contra el Reino de Dios es opositor y adversario de la luz y de la verdad.

El Reino de Satanás consiste en diferentes rangos de ángeles caídos, con sus aliados. Potestades de maldad en las regiones celestiales, tronos; seres espirituales llamados demonios, más todos aquellos hombres y mujeres que viven bajo la influencia de ellos, rebeldes y desobedientes de los mandamientos de Dios. Contrario a eso, el Reino de Dios tiene el ejército celestial más grande y poderoso en batalla y está por encima de todo lo creado (aun sobre todo principado y potestad del aire, de la tierra y de debajo de la tierra).

Este Reino está compuesto por Dios el Padre, Jesucristo y el Espíritu Santo, quienes habitan en el lugar más alto del tercer cielo; los seres espirituales llamados arcángeles, serafines, querubines, ángeles y todos los hombres que viven en justa obediencia a su ley.

Así lo leemos en *Colosenses 1:11-19*, que dice: *"fortalecidos con todo poder, conforme a la potencia de su gloria, ...con gozo dando gracias al Padre que nos hizo aptos para participar de la herencia de los santos en luz; el cual nos ha librado de la potestad de las tinieblas, y trasladado al reino de su amado Hijo, en quien tenemos redención por su sangre, el perdón de pecados. Él es la imagen del Dios invisible, el primogénito de toda creación. Porque en él fueron creadas todas las cosas, las que hay en los cielos y las que hay en la tierra, visibles e invisibles; sean tronos, sean dominios, sean principados, sean potestades; todo fue creado por medio de él y para él. Y él es antes de todas las cosas, y todas las cosas en él subsisten; y él es la cabeza del cuerpo que es la iglesia, él que es el principio, el primogénito de entre los muertos, para que en todo tenga la preeminencia; por cuanto agradó al Padre que en él habitase toda plenitud."*

La declaración termina con algo glorioso; *que por medio de Jesucristo reconcilio en Él mismo las cosas que están en la tierra, con las cosas que están en el cielo e hizo la paz mediante la sangre de su cruz.* El sacrificio de Jesús unió el pecador con Dios y por ella es redimido y limpio, apto para presentarse delante del Padre.

> **¡El mundo necesita oír las buenas nuevas del Reino y tú eres responsable de hacerlo!**

Los Enemigos del Reino

No solo el adversario llamado el diablo es el causante de lidiar contra las creencias del nuevo converso; dentro del alma se desarrolla una batalla y es contra sí mismo, contra el pecado original transmitido a través del ADN del hombre de pecado. Las corrientes filosóficas, el humanismo y las religiones en el mundo, han sido el enemigo número uno del Reino de Dios. Para entender esto se debe analizar la confrontación que Jesús tuvo durante su estadía en la tierra.

Por mucho tiempo la Iglesia ha perdido el mensaje original del Reino; por eso se ha levantado "un evangelio ajustado."

> **El poder del pensamiento ha traído gran conflicto menguando el concepto original del mensaje del Reino que Jesús trasmitió.**

Jesús no les reveló abiertamente los misterios del Reino a todos. Al pueblo les enseñaba en parábolas, pero a sus discípulos si les explicaba el significado real de las parábolas. Jesús prometió que el Espíritu de verdad vendría después de Él y les recordaría y enseñaría todas las cosas. Los enemigos del Reino se seguirían se levantando.

Después de la partida de Cristo, la batalla en el mundo espiritual se agudizo, porque muchos se levantaron para distorsionar las enseñanzas de Jesús acerca del Reino. Gnósticos, adivinos y falsos profetas se levantaron dando sus doctrinas contrarias acerca del Reino de Dios. La persecución ha sido cada vez más notoria con el paso de la años; primero Roma, luego los árabes y así sucesivamente. Miles eran masacrados bajo el eslogan de la cruz. No solo para conquistar Jerusalén (la capital del Reino de Dios) sino para trasmitir ideologías y pensamientos erróneos. No se pueden ignorar las Cruzadas, la entrada de la inquisición, el levantamiento del movimiento antisemita con la persecución en Europa de millones de gitanos, cristianos y judíos muertos en nombre de la religión, confirmados y aprobados por los Papas de la época. Las religiones siempre se movieron en medio de "guerras santas", conflictos y matanzas. ¿Por qué las ideas filosóficas y las religiones influyeron tanto en la humanidad? Porque "estas" han tratado de sustituir siempre al único y verdadero Reino de Dios.

La Biblia dice que *"El Reino de Dios no consiste en palabras sino en poder." 1 Corintios 4:20*

El hombre quiere morir por sus ideales; pero estos son una serie de pensamientos mezclados en sus mentes y sentimientos. Los ideales son "fuentes de conflictos", basados en el humanismo filosófico nacidos antes de Cristo por los llamados maestros, afirmados desde generaciones pasadas hasta la actualidad. Antes que naciera Jesús, ya en Grecia existían las escuelas filosóficas. En los siguientes capítulos te ampliaremos mas sobre este tema.

CAPITULO 9

LOS ENEMIGOS
DEL REINO

Las Escuelas Filosóficas

¿Qué eran las escuelas filosóficas de Grecia en la época antes de Cristo? y ¿que influencia ellas ejercen en el tiempo actual?

La escuelas filosóficas era una manera de pensar o de proceder en relación a la filosofía. Hoy tenemos en la actualidad corrientes de pensamientos, tanto de la época helenística, media y moderna. Todas estas corrientes filosóficas, como los movimientos actuales, salen del razonamiento de la mente. Como influencia greco-romana tenemos los pitagóricos, por ejemplo. Esta escuela sostenía que la esencia de todas las cosas eran los números. También se movían los sofistas como el platonismo, que eran los seguidores de Platón; el epicureísmo, que era la escuela de los discípulos de Epicuro, los estoicistas fundados por Zenón de Citio. Dentro del la edad moderna tenemos el neo-platonismo, humanismo, racionalismo, idealismo, positivismo, marxismo y mas.

La lista sería interminable. Junto a los pensadores filosóficos, y antropólogos, tenemos las religiones que influyen en la mente y el actuar, como lo hace la ideología del terrorismo y el Islam, que enseñan que deben de sembrarse ellos mismos, para poseer el paraíso.

Jesucristo no solo influenció los contornos en donde se movía, sino mas allá de Palestina, llegando a toda Asia, Europa y al mundo entero el día de hoy. El no tenia la intención de traer una religión más a la tierra, ni ser un pensador como los antiguos iluminados o simplemente un profeta que va anunciando el futuro. El trajo el Reino de los cielos a la tierra.

Aunque sí los hombres han querido levantar una religión alrededor de Él, Jesucristo es y será, mas que un pensamiento y una filosofía, El es el Hijo de Dios. En su primera venida vino a manifestar el Reino de Dios a la tierra, por eso predicaba y enseñaba con parábolas acerca del mismo, acompañando sus mensajes con señales y milagros, (aunque no todos lo vieron y lo pudieron entender así).

Los opositores número uno de su época no fueron los pecadores; fueron los principales religiosos que ejercían autoridad sobre el pueblo, como los saduceos y los fariseos. ¿Por qué? porque su mensaje amenazaba la seguridad de ellos.

Jesús no vino a traer una religión más sino a revelar a sus pequeñitos y amados, la bondad del Padre. El vino a sanar a los que necesitaban sanidad del alma y del espíritu. El vino a desenmascarar las tradiciones que los judíos religiosos traían a los hombres poniéndoles cargas duras de llevar. Jesús sabía de la gran atadura que estas doctrinas de hombres traían para el alma. Por esa causa comió con los publicanos cobradores de impuestos, enemigos del pueblo Israelita, visito a los enfermos en sus propias casas, se movía entre las multitudes proveyéndoles comida física y espiritual. Jesús vino a traer un evangelio práctico para contrarrestar los dogmas pesados de los hombres y las huecas filosofías griegas que influenciaron a la religión Romana.

¿Qué es Religión y de Donde Viene?

Cada cultura ha producido su propia religión. La religión ha sustituido "al verdadero Redentor". La religión es el intento del hombre de acercarse a Dios; es una búsqueda sin encontrar la verdad. Por eso no dudamos en decir que la persona que es religiosa, es esclava de sí misma. El camino a la Verdad que es el camino al Padre a través de Cristo, nos hace libres. Este mensaje es claro y contundente. Jesucristo hablo de:

- Como entrar en el Reino de Dios.
- Los mandamientos mas importantes.
- Quienes eran aptos para entrar en él.
- Los verdaderos administradores de las finanzas dentro del Reino de Dios.
- La herencia prometida a los hijos de Dios.
- Quienes compondrían la gran familia de Dios.
- Quienes serían capaces de sentarse a gobernar

- en el Reino.
- Las señales contundentes antes de la manifestación visible del Reino.
- Las medidas en el Reino.
- La buena y la mala semilla.
- La gran y última cosecha y más...

¿Qué ha perdido el hombre por ir detrás de las corrientes humanistas, filosóficas y religiosas? perdió la oportunidad de entrar en el Reino de Dios; porque se quedó atrapado en el conocimiento del bien y el mal, lugar donde las tinieblas habitan, lejos de la verdadera luz. Jesús es la luz, y esta luz verdadera, alumbra el entendimiento del hombre.

El mensaje mas contundente con el que inicio Jesús su ministerio, fue con respecto al Reino de Dios. En Mateo 4:17 dice:

...Desde entonces Jesús comenzó a predicar y a decir: Arrepentíos, porque el Reino de los cielos se ha acercado.

Su mensaje era "el arrepentimiento", que significa: "un cambio de mentalidad". Hoy el arrepentimiento sigue siendo la misma puerta para entrar al Reino de Dios. El cambio de mente significa, renunciar a las falsas ideologías, formadas como fortalezas de pensamientos en la mente, o falsas religiones y filosofías, para aceptar a Cristo como la única puerta y acceso para entrar al Reino de nuestro Padre celestial.

Cambia la forma en que has sido

acondicionado para pensar, y edifica en ella la verdad que es Cristo y su Palabra.

!El Reino de Dios está cerca! En hebreo quiere decir "*ha llegado*". Para ello es necesario cambiar la mentalidad, porque el Reino de los cielos confronta a los ideales falsos y los conceptos errados. Jesús enseñaba, para que sus discípulos lo imitaran e hicieran todo como El lo hacia. Sin un seguidor el maestro no puede enseñar. Si un discípulo no hace lo que aprende de su maestro, no es un discípulo. Se convierte en simplemente alguien que escucha. Jesús no necesita admiradores, sino imitadores.

El que le sigue oirá su voz y el que oye atentamente, hará lo que El quiere que se haga.

El Reino y las Manifestaciones

El Reino de Dios es un reino de gobierno; con la influencia legal sobre sus súbditos y territorio. Cada ciudadano del reino es importante. Si tu perteneces al Reino de Dios, ere un embajador de Cristo. Su gobierno te respalda a donde vayas a representarlo. Jesús les dio específicas instrucciones con respeto a esto: "Predica este mensaje y las evidencias van a seguir al mensaje".

¿Cuáles son las manifestaciones del Reino durante el tiempo de la gracia?

- Sanidad de los enfermos.

- Liberación de los cautivos.
- Salvación a los perdidos.
- Si tomares cosa mortífera nada os dañará.
- Hablarán en lenguas.
- Profetizarán.
- Recibirán poder y serán llenos del Espíritu santo.

Hoy hay más de 6.8 mil millones de seres humanos en el planeta tierra y cada uno tiene la opción para seguir el camino que mas ambiciona. Jesús esta esperando con los brazos abiertos a todo aquel que reconoce su necesidad espiritual y se esfuerza reconociéndolo como el único camino a Dios. El sabe la situación de cada uno de ellos, y tiene una respuesta para cada necesidad.

CAPITULO 10

ENTRANDO PARA SER PARTE DEL REINO

Jesús advirtió que se debería entrar por la puerta de la vida eterna ahora, porque algún día la entrada se cerraría:

"Esforzaos a entrar por la puerta angosta, porque os digo que muchos procurarán entrar, y no podrán. Después que el dueño de casa se levante y cierre la puerta, vosotros, afuera, comenzaréis a llamar a la puerta diciendo: ¡Señor, ábrenos! Pero respondiendo él os dirá: No os conozco de dónde sois" Lucas 13:24-25.

Hay sólo una manera de entrar en el Reino y esa es a través de Jesucristo. Ahora la puerta al Reino está abierta. Todos pueden entrar a través de ella con el arrepentimiento sincero de sus pecados. El tiempo de la gracia se puede cerrar cuando nadie lo piense.

La palabra esforzaos en griego significa: [*agonizomai*] y significa luchar, competir por un premio, contender con un adversario, pelear, lograr. Si analizamos esta realidad son unos pocos a los que les gustan luchar por causa del Reino de Dios. Pablo habló de una batalla de la fe.

Esta batalla consiste en ganar porque hay un adversario que esta continuamente impidiendo el avance, no solo de la evangelización por las almas perdidas sino que cada creyente, batalla por su salvación. Jesús advirtió que se levantarían, no solo falsos profetas sino doctrinas erróneas que reclamarían ser el camino al Reino; a estos caminos los compara como anchos y espaciosos:

Entrad por la puerta estrecha; porque ancha es la puerta, y espacioso el camino que lleva a la perdición, y son muchos los que entran por ella. Pero ¡qué estrecha es la puerta y qué angosto el camino que lleva a la vida! Y son pocos los que la hallan. Mateo 7:13-14

Jesús habló sobre como entrar en el Reino y se refirió a esto en tres parábolas similares.

Jesús relató la historia de una oveja perdida, una moneda perdida así como del joven derrochador de la herencia de su padre. En Lucas 15:1-32 se encuentran estas enseñanzas y las tres concuerdan en lo mismo. La parábola del pastor que busca la oveja perdida ilustra cómo Dios busca traer aquellos que están espiritualmente perdidos para encaminarlos a Su Reino. La parábola de la mujer que busca una moneda perdida ilustra la diligencia con que cada creyente debe buscar a los perdidos para guiarlos al Reino. La parábola del hijo perdido ilustra el principio de arrepentimiento a través del cual cada persona puede ganar su lugar como un heredero del Reino de Dios.

Es a través de la fe en Dios y de su Hijo Jesucristo que se puede entrar en su Reino:

Amados hermanos míos, oíd: ¿No ha elegido Dios a los pobres de este mundo, ricos en fe y herederos del reino que ha prometido a los que le aman? Santiago 2:5.

Aun también el Apóstol Pedro en su epístola da los pasos para desarrollar (una vez que se entra en el Reino) la fe. "*Y por esto mismo,*

- poniendo todo empeño,
- añadid a vuestra fe, virtud;
- *a* la virtud, conocimiento;
- al conocimiento, dominio propio;
- al dominio propio, perseverancia;
- a la perseverancia, devoción;
- a la devoción, afecto fraternal;
- y al afecto fraternal, amor. Porque cuando estas cosas están en vosotros y abundan, no os dejarán estar ociosos ni

> estériles en el conocimiento de nuestro
> Señor Jesucristo
> *...Por eso, hermanos, procurad aun con*
> *mayor empeño hacer firme vuestro*
> *llamamiento y elección, porque haciendo*
> *estas cosas no tropezaréis jamás. Pues de*
> *esta manera os será otorgada amplia*
> *entrada en el reino eterno de nuestro*
> *Señor y Salvador Jesucristo.* 2 Pedro 1:5-11

Después de que tú entras en el Reino a través de la fe, y del nuevo nacimiento, debes de desarrollar un estilo de vida consistente con los principios gobernantes del Reino de Dios. Es ahí donde el Espíritu Santo te capacita y te unge para revestirte de la autoridad Divina. Eso te habilita para pisar las obras de maldad y que nada te afecte o te haga daño. Si tú no cumples con las reglas divinas del Reino y te mueves desordenadamente en tus propios caminos, puedes caer en un círculo de engaño y rápidamente olvidarte de donde, El Señor te saco.

La puerta de la arrogancia te enceguecerá y volverás al viejo estilo de vida pecadora. Pedro asegura que si tú continúas avanzando hacia la madurez espiritual tu entrada al Reino será amplia y certificada. *...Pues de esta manera os será otorgada amplia entrada en el reino eterno de nuestro Señor y Salvador Jesucristo.*

◾ *Expulsados del Reino*

Hay muchos que creen ser parte del Reino de Dios, pero su situación espiritual, dista mucho de la realidad, de lo que Jesús enseño. Jesús enseño acerca de aquellos que creyendo que estaban dentro, nunca pertenecieron realmente al Reino de Dios. Jesús nombro esta situación, en varias ocasiones.

1- No solo es que se hable del Reino sino que se haga la voluntad establecida en ese Reino.

... No todo el que me dice: Señor, Señor, entrará en el reino de los cielos, sino el que hace la voluntad de mi Padre que está en los cielos. Muchos me dirán en aquel día: Señor, Señor, ¿no profetizamos en tu nombre, y en tu nombre echamos fuera demonios, y en tu nombre hicimos muchos milagros?

Decir que Jesús es Señor no asegura la residencia permanente en el Reino de Dios. Jesús dijo que tal compromiso verbal no era suficiente.

"...Y entonces les declararé: Nunca os conocí; apartaos de mí, hacedores de maldad." Mateo 7:21-23.

Cuando se refiere *"en aquel día"* está hablando del momento que El mismo separara las ovejas de las cabritos. Habrá un tribunal en el cual Jesucristo mismo hará la separación, no será en la tierra, ni durante la vida de los "creyentes" sino después de la resurrección.

> **2- No solo es que se hable del Reino sino que se no se causen tropiezos ni se hagan acciones malvadas en nombre del Reino.**

También acerca de este tema Jesús se refirió en la parábola de la semilla y la cizaña.

El campo es el mundo. La buena semilla son los hijos del reino, y la cizaña son los hijos del maligno. El enemigo que la sembró es el diablo. La siega es el fin del mundo, y los segadores son los ángeles. De manera que como la cizaña es recogida y quemada en el fuego, así será el fin del mundo. El Hijo del Hombre enviará a sus ángeles, y recogerán de su reino a todos los que causan tropiezos y a los que hacen maldad, y los echarán en el horno de fuego. Allí habrá llanto y crujir de dientes. Entonces los justos resplandecerán como el sol en el reino de su Padre. Mateo 13:38-43

Vendrá un día de juicio en el futuro cuando Dios separará estas personas de los verdaderos ciudadanos del Reino. Algunos creen ser residentes del Reino; más todavía viven en el pecado; es imposible creer que poseerán la vida eterna *"pues nada inmundo entrara"*. Aquellos que son "malos" serán echados fuera del Reino de Dios. (La palabra malos se refiere que son malditos, que no han sido redimidos del pecado).

En el tiempo del juicio final habrá una selección divina entre un hombre y otro. Algunos entrarán en el Reino y otros serán echados fuera.

...Cuando el Hijo del Hombre venga en su gloria y todos los ángeles con él, entonces se sentará sobre el trono de su gloria; y todas las naciones serán reunidas delante de él. El separará los unos de los otros, como cuando el pastor separa las ovejas de los cabritos; y pondrá las ovejas a su derecha, y los cabritos a su izquierda. Entonces el Rey dirá a los de su derecha: "¡Venid, benditos de mi Padre! Heredad el reino que ha sido preparado para vosotros desde la fundación del mundo" Mateo 25:31-34

3- No solo es que se hable del Reino sino que se debe notar la diferencia entre el malo y el justo en el Reino.

La Biblia también compara el Reino presente a una gran red echada al mar, que recoge muchos tipos de peces:

"Asimismo, el reino de los cielos es semejante a una red que fue echada en el mar y juntó toda clase de peces. Cuando estuvo llena, la sacaron a la playa. Y

sentados recogieron lo bueno en cestas y echaron fuera lo malo. Así será el fin del mundo: Saldrán los ángeles y apartarán a los malos de entre los justos, y los echarán en el horno de fuego. Allí habrá llanto y crujir de dientes." Mateo 13:47-50.

Hoy no se puede distinguir cual es el pez malo y el bueno, pero en aquel día los ángeles tendrán la orden de separar los unos de los otros. De la misma manera se hará con la hierva mala.

4- No solo es que por ser judío ya esta dentro del Reino de Dios, sino que hay que entrar por la puerta correcta que es Cristo.

Jesús se refirió cuando dijo:

"...muchos vendrán del oriente y del occidente y se sentarán con Abraham, Isaac y Jacob en el reino de los cielos" Mateo 8:11.

Mas advierte que... "Allí habrá llanto y crujir de dientes, cuando veáis a Abraham, a Isaac, a Jacob y a todos los profetas en el reino de Dios, y a vosotros echados fuera" Lucas 13:28.

Jesús se estaba refiriendo a los fariseos y religiosos de su época que creían que eran aptos para entrar en el Reino porque se consideraban hijos de Abraham, simplemente por el linaje. Pero Jesús les respondió:

"...vosotros sois hijos de vuestro padre el diablo."

Nadie puede ser parte del Reino de Dios si primeramente no reconoce a Jesús como el hijo de Dios enviado para la salvación del hombre.

> **5- No solo es que se hable del Reino sino que debes de saber que serás juzgados por tus acciones.**

Antes del establecimiento final del Reino, Dios juzgará a todos los hombres, tanto a todos los que estuvieren vivos al momento del retorno en su venida, como aquellos que dormían en el sepulcro. *...Te requiero delante de Dios y de Cristo Jesús, quien ha de juzgar a los vivos y a los muertos, tanto por su manifestación como por su reino.* 2 Timoteo 4:1

> **6- No solo es que se hable del Reino sino que debes vestirte adecuadamente para entrar en el Reino.**

Jesús fue bien radical y explícito con respeto a este tema, cuando se refirió a la parábola de la fiesta de bodas en Mateo 22. El comenzó diciendo *"El reino de los cielos es semejante"* ...el invitado estaba en las bodas del hijo del Padre, y desde ese lugar prominente fue expulsado, porque no estaba vestido con ropa de bodas. Eso te enseña, que aún se puede perder la salvación después de entrar en un periodo llamado "bodas". Durante ese tiempo se pasara revista cada invitado.

No debemos olvidar las palabras de Pablo en Filipenses 2:12 cuando dice: "...*ocupaos en vuestra salvación con temor y temblor.*"

Si se lee lo que continúa diciendo Jesús en la parábola anterior encontramos lo siguiente ...*Y entró el rey para ver a los convidados, y vio allí a un hombre que no estaba vestido de boda. Y le dijo: Amigo, ¿cómo entraste aquí, sin estar vestido de boda? Mas él enmudeció. Entonces el rey dijo a los que servían: Atadle de pies y manos, y echadle en las tinieblas de afuera; allí será el lloro y el crujir de dientes. Porque muchos son llamados, y pocos escogidos.*

El vivir en la tierra manteniendo las ropas limpias y sin mancha (engaño a nosotros mismos) nos asegura la entrada amplia en el Reino de los cielos.

▨ Los Pecados que Impiden la Entrada al Reino de Dios

La desobediencia a la ley establecida, quebranta sus mandamientos. "...*Todo aquel que comete pecado también infringe la ley, pues el pecado es infracción de la ley.*" 1 Juan 3:4.

Hay muchos pecados identificados en el Nuevo Testamento que hacen que los hombres no entren a gozar de los beneficios prometidos, acerca de la vida eterna dentro del Reino de Dios.

Dos pasajes específicos identifican los pecados que impiden la entrada al Reino de Dios:

¿No sabéis que los injustos no heredarán el reino de Dios?. No os engañéis que:

- *ni los fornicarios,*
- *ni los idólatras,*
- *ni los adúlteros,*
- *ni los afeminados,*
- *ni los homosexuales,*
- *ni los ladrones,*
- *ni los avaros,*
- *ni los borrachos,*
- *ni los calumniadores,*
- *ni los estafadores, heredarán el reino de Dios.* 1 Corintios 6:9-10.

Ahora bien, las obras de la carne son evidentes, estas son:

- *fornicación e impureza sexual*
- *desenfreno*
- *idolatría*
- *practicar la hechicería*

- *participar de peleas y de enemistades*
- *celos, ira, disensiones y contiendas,*
- *partidismos y envidia,*
- *borracheras, orgías y cosas semejantes a éstas.* Gálatas 5:19-21

Al cerrar este capítulo te exhortamos con amor que renuncies a cualquier obra de la carne, ligadura o pecado a la que pudieras estar atado. Si te has identificado con una de las palabras escritas en estas dos listas, te pedimos que renuncies de todo tu corazón y te arrepientas para asegurar que tú no eres de los que serás echado fuera del Reino de los cielos, sino de los que tendrás amplia entrada en Él.

CAPITULO 11

LOS EXPULSADOS
DEL REINO

▨ *Entrando en el Reino de Dios*

" or esta razón, así como el pecado entró en el mundo por medio de un solo hombre y la muerte por medio del pecado, así también la muerte pasó a todos los hombres, por cuanto todos pecaron."* Romanos 5:12.

"...Porque todos pecaron y no alcanzan la gloria de Dios." Romanos 3:23

¿Como reconocemos cuando una persona es parte del Reino de Dios? Jesús mismo respondió a esa pregunta cuando dijo:

"...por sus frutos los conoceréis".

En primer lugar eso te enseña que no te debes fiar de la apariencia religiosa o carismática que la persona tenga. Cuando alguien pertenece al Reino de Dios, se nota por la correcta relación personal con el Salvador. Todo humano nace con la naturaleza inclinada a desobedecer, por algún tiempo, todos han sido influenciados por la potestad maligna. En Colosenses 1:13, dice:

...hemos sido librados de la potestad de las tinieblas y trasladado al reino de su amado hijo.

Los seres humanos nacen bajo la maldición de la desobediencia, través del nacimiento natural. Por eso es necesario nacer otra vez. Primero se nace en la carne, y después en el Espíritu. Este hecho se llama "el nacimiento espiritual". Aquellos que nacen de nuevo, cambian su residencia. En el primer nacimiento se nace bajo la influencia del pecado y de Satanás.

Al pasar al Reino de la luz, el hombre pasa de estar obedeciendo a sus apetitos sensuales y rebeldes, para estar sometido a la voluntad perfecta de Dios.

Pasos Para Nacer en el Espíritu

Cuando se entra en el Reino de Dios se debe cambiar la mente y aprender los principios que gobiernan la vida en este nuevo Reino.

Esto es como conocer los reglamentos, leyes y

costumbres del nuevo país a donde se ha emigrado.

Antes de nacer, se pasa por procesos naturales gestación, así mismo ocurre en el nacimiento espiritual.

1. Para nacer en el Reino de Dios, primeramente hay que ser engendrado en el espíritu como ocurre en el mundo natural. Jesús dijo: *Mas a todos los que le recibieron, a los que creen en su nombre, les dio potestad de ser hechos hijos de Dios; los cuales no son engendrados de sangre, ni de voluntad de carne, ni de voluntad de varón, sino de Dios.* Juan 1:12-13.

2. El segundo paso es el desarrollo antes del nacimiento. Es en este punto donde muchos fracasan. El recibir a Cristo no es suficiente. Hay que llegar hasta el nacimiento en Dios. Jesús comparó este momento (del desarrollo en el vientre de una madre) como la semilla que cae entre espinos o la semilla que es comida por las aves o la que sin raíces el calor la mata. La buena semilla es el engendro de Dios, pero solo uno de cada cuatro, permanecerán arraigados y listos para el desarrollo. Lamentablemente muchos no pasan este período y son abortados antes de nacer.

■ Nicodemo y el Secreto del Nuevo Nacimiento

Nicodemo era un religioso hambriento del Reino de Dios, busco a Jesús de noche, porque no quería ser visto por sus amigos. Jesús conociendo su necesidad le reveló el secreto del nacimiento espiritual. Le dijo así:

...el que no naciere de agua y del Espíritu, no puede entrar en el reino de Dios. Juan 3:3.

Sin el nuevo nacimiento, indiscutiblemente, no se puede entrar para ser participe del Reino de Dios; es decir, no se puede recibir la vida eterna prometida, ni siquiera la salvación por medio de Jesucristo. A través del nacimiento físico se nace en un reino de esta tierra. Nacemos como ciudadanos de una cierta nación. Al llegar a este mundo, heredamos la naturaleza básica del pecado:

"He aquí, en maldad he nacido, y en pecado me concibió mi madre" Salmos 51:5.

El nuevo nacimiento es la llave para entrar a la nueva vida regenerada y restaurada del pecado original.

El Señor le siguió enseñando a Nicodemo:

No te maravilles de que te dije: Os es necesario nacer de nuevo. Jesús conocía el corazón de ese hombre principal religioso entre los fariseos judíos, así como conoce el corazón de cada ser humano. No es suficiente ser bueno, ser religioso, o saberse la Biblia de memoria. Hay una ley espiritual como la hay en lo natural, Cristo fue franco cuando le dijo: *Te es necesario nacer de nuevo.*

Cristo vino a dar a conocer los misterios del Reino.

Nicodemo los ignoraba como tantos religiosos de su época. El vino a marcar una diferencia; su llegada sellaba el comienzo de la revelación escondida antes de la fundación del mundo. Nicodemo sabía la ciencia del nacimiento natural desde el vientre de una madre, pero desconocía el misterio para entrar en el Reino Dios; que era el nacimiento del Espíritu de Dios.

No se debe poner al mismo nivel el nuevo nacimiento y el nacimiento físico, porque la relación de Dios con el creyente es un asunto del espíritu y no de la naturaleza humana.

Pablo explica mas adelante que no se puede entrar en el Reino de Dios, con un cuerpo de carne y sangre:

"Y esto digo, hermanos, que la carne y la sangre no pueden heredar el reino de Dios, ni la corrupción heredar la incorrupción" (1 Corintios 15:50).

Por lo tanto; aunque nunca se puede anular la evidencia genética de un padre biológico, y a pesar de que este no viva con su hijo, él siempre será su padre. Así mismo, la relación que el Padre celestial quiere tener con sus hijos espirituales es permanente e indisoluble. El Padre anhela dar identidad a cada uno de sus Hijos. Esta relación está condicionada a la fe en Cristo, honrando a su hijo y a su sangre que fue el precio que hace que tengamos una viva comunión con nuestro Padre celestial.

...porque si vivís conforme a la carne, moriréis; más si por el Espíritu hacéis morir las obras de la carne. Viviréis. Porque todos los que son guiados por el Espíritu de Dios, éstos son hijos de Dios. Pues no habéis recibido el espíritu de esclavitud para estar otra vez en temor, sino que habéis recibido el espíritu de adopción por el cual clamamos! Abba, Padre! Romanos 8:13-15.

Las Llaves del Reino

Jesús también estableció un principio de autoridad que regiría para todos sus discípulos. Las llaves del Reino de los cielos seria entregada a todos los participantes del Reino de Dios, seria la clave para atar y desatar tanto en el cielo como en la tierra. Estas llaves de las cuales Jesús habló tenían que ver con la autoridad que Dios delegaría a su Iglesia. Por medio de ellas, los creyentes, tendrían la autoridad de Dios mismo y podrían llevar a cabo la gran comisión encomendada mas adelante.

"Mas yo también te digo que tú eres Pedro; y sobre esta roca edificaré mi iglesia, y las puertas del Hades no prevalecerán contra ella. A ti te daré las llaves del reino de los cielos. Todo lo que ates en la tierra habrá sido atado en el cielo, y lo que desates en la tierra habrá sido desatado en los cielos" Mateo 16:18-19.

En esta ocasión Jesús nombro la palabra Iglesia, los discípulos no tenía ni idea de lo que se estaba refiriendo, todo era nuevo para ellos. Jesús estaba hablando que bajo el poder de la revelación de quien era el Padre, la Iglesia se levantaría sobre la piedra de fundamento que era El mismo. Pedro seria el que abriría el primer mensaje a los gentiles y así se iniciaría la extensión del mensaje del Reino a lo largo del mundo entero.

"Al oír esto, se compungieron de corazón, y dijeron a Pedro y a los otros apóstoles: Varones hermanos, ¿qué haremos? Pedro les dijo: Arrepentíos, y bautícese cada uno de vosotros en el nombre de Jesucristo para perdón de los pecados; y recibiréis el don del Espíritu Santo. Porque para vosotros es la

promesa, y para vuestros hijos, y para todos los que están lejos; para cuantos el Señor nuestro Dios llamare. Y con otras muchas palabras testificaba y les exhortaba, diciendo: Sed salvos de esta perversa generación." Hechos 2:37-40

En el pasaje anterior, Jesús reveló a Pedro que él sería una parte vital del crecimiento y desarrollo del Reino. En ese entonces, Jesús hizo dos comentarios con respecto a la futura Iglesia.

Primero, Él dijo que "*las puertas del Hades no prevalecerán contra ella.*" Esto implicaba que la Iglesia tendría enemigos luchando contra ella, pero Él aseguró que los enemigos no la superarían. Segundo y más importante, Jesús prometió dar las llaves de su Reino a la Iglesia.

Pedro estaba representando a todos los fieles que por revelación divina entrarían a formar parte de la gloriosa Iglesia. En el mundo natural, si tú posees las llaves de un edificio, significa que tienes la autoridad legal de entrar ahí. Debido a tu derecho legal tú tienes las llaves del edificio. La autoridad que Jesús estaba hablando en este pasaje es una autoridad espiritual.

Él dio las llaves espirituales de las puertas de Su Reino a la Iglesia. Las llaves del Reino son el poder para atar y desatar. Atar (o ligar) significa poner cadenas o una atadura en algo. Es como cerrar con llave y poner trancas a la puerta de un cuarto. Desatar algo es soltar o ponerlo libre. Es similar a abrir la puerta de un cuarto. La Iglesia tendría una posición de autoridad. Tendría las llaves del Reino de Dios. Sería el instrumento a través de quien se abrirían las puertas espirituales del Reino a las naciones del mundo.

Cuando los redimidos entienden esto los temores se van, la baja autoestima desaparece, la doble mente se tiene que ir, y el creyente toma por fe la autoridad de Cristo delegada. La Iglesia tendría el poder para desatar las fuerzas espirituales del bien y atar las fuerzas espirituales del mal. El atar y el desatar es la llave para la victoria.

La autoridad en el Reino de Dios se consigue cuando la persona está sujeta a autoridad, así como Cristo estaba sujeto por Su voluntad propia al Padre. Nadie que no está sujeto puede ejercer correctamente la autoridad. En el mundo espiritual los demonios saben si las personas viven en pecado o si están esclavizados en algún área de su vida.

■ Los efectos producidos por las llaves del Reino

1. **Autoridad** para reprender el pecado, y establecer la nueva vida en Cristo, por

medio de la redención de Jesucristo y su sangre derramada en la cruz. *"Otra vez os digo, que si dos de vosotros se pusieren de acuerdo en la tierra acerca de cualquiera cosa que pidieren, les será hecho por mi Padre que está en los cielos." Mateo 18:19*

2. **Unidad de oración** con otros creyentes del cuerpo de Cristo para llevar a cabo la voluntad de Dios en la tierra. *"Porque donde están dos o tres congregados en mi nombre, allí estoy yo en medio de ellos." Mateo 18:20*

3. **Poder y autoridad** para atar toda clase de demonios y espíritus malignos, estableciendo la libertad en Cristo de aquellos que están cautivos por cadenas de pecados, vicios y enfermedades. *"Ninguno puede entrar en la casa de un hombre fuerte y saquear sus bienes, si antes no le ata, y entonces podrá saquear su casa." Marcos 3:27*

4. **Proclamar** el mensaje claro del evangelio, la culpabilidad del pecado, la justificación por medio de Jesucristo, y todo aquello que vendrá sobre este mundo dentro del programa profético de Dios. *"Y vino gran temor sobre toda la iglesia, y sobre todos los que oyeron estas cosas.* Y por la mano de los apóstoles se hacían muchas señales y prodigios en el pueblo; y estaban todos unánimes en el pórtico de Salomón." *Hechos 5:11-12*

5. **Declarar** que la salvación y el perdón de los pecados está disponible para todos aquellos que están dispuestos a arrepentirse y reconocer a Jesucristo como la única fuente de salvación y vida eterna. *"A quienes remitiereis los pecados, les son remitidos; y a quienes se los retuviereis, les son retenidos."* *Juan 20:23*

Capitulo 12

Jesús y las
Enseñanzas del Reino

▓ Jesús Habló del Reino por Parábolas

"*El respondiendo, les dijo: Porque a vosotros os es dado saber los misterios del reino de los cielos; mas a ellos no les es dado. Porque a cualquiera que tiene, se le dará, y tendrá más; pero al que no tiene, aun lo que tiene le será quitado. Por eso les hablo por parábolas: porque viendo no ven, y oyendo no oyen, ni entienden. De manera que se cumple en ellos la profecía de Isaías, que dijo: De oído oiréis, y no entenderéis; Y viendo veréis, y no percibiréis. Porque el corazón de este pueblo se ha engrosado, Y con los oídos oyen pesadamente, Y han cerrado sus ojos; Para que no vean con los ojos, Y oigan con los oídos, Y con el corazón entiendan, Y se conviertan, Y yo los sane.*" *Mateo 13:11-15*

Al principio de su ministerio Jesús enseñaba las verdades del Reino de Dios a través de parábolas. El escogió a doce discípulos y les comenzó a enseñar las verdades escondidas . Aun así a ellos se les hacía difícil entender el lenguaje de su maestro.

Podemos leer en los cuatro evangelios un total de cuarenta parábolas pronunciadas, entre las cuales diecinueve de ellas hacen referencia directa al Reino de los cielos y al Reino de Dios.

Muchas de ellas tienen que ver con un tiempo presente, por ejemplo, *"el que tiene oídos que oiga"*; otras parábolas tienen que ver con un tiempo futuro, enseñando el final adverso que tendrán los que son engañados por el adversario y el efecto que producirá sobre aquellos que reciban la revelación del evangelio. Al Señor hablar de los misterios del Reino y marcar un tiempo presente y un tiempo futuro, mostró los semblantes extraordinarios que hay en el reino de Dios, tanto en su establecimiento antes que todas las cosas fueran creadas, en el presente, y también en el tiempo venidero.

> **La revelación de los misterios del Reino de los cielos es, que en Cristo, el hombre y la mujer son restaurados a la comunión con Dios y a la dependencia de Él.**

El Reino es una realidad que puedes comenzar a disfrutar en forma maravillosa, y que se extiende a todos los habitantes en la faz de la tierra que estén dispuestos a reconocer la redención de Jesucristo en la cruz y por medio del poder y la unción del Espíritu Santo que actúa a través de la Iglesia. Todos aquellos nacidos de nuevo y lavados con su sangre, serán participantes del Reino de los cielos a plenitud. Lo que se vive ahora no es comparable a lo que se experimentara en el futuro. El reino de Dios en la tierra va creciendo. Hoy se puede gozar y disfrutar de su paz y recibir todos los beneficios del Reino de Dios, ahora.

Bendito sea el Dios y Padre de nuestro Señor Jesucristo, que nos bendijo con toda bendición espiritual en los lugares celestiales en Cristo. Efesios 1:3

Cuando el apóstol Pablo menciona la palabra los *"lugares celestiales"*, la raíz griega que es utilizada allí, tiene que ver con el reino invisible que continuamente rodea la vida de todo fiel creyente, así como todo lo que tenga que ver con las actividades espirituales. La autoridad que continuamente emana de Jesucristo sobre su Iglesia, está por encima de cualquier poder contrario y opositor que se levanta contra el reino y su Iglesia.

...Y juntamente con él nos resucitó, y asimismo nos hizo sentar en los lugares celestiales con Cristo Jesús. Efesios 2:6

Al estar estrechamente unido con Cristo, puedes participar de su vida y de las manifestaciones de su reino, tanto en el poder de su resurrección como de su ascensión. Hoy puedes disfrutar de su gloria y gozarte en su presencia continua, así como conocer la autoridad que emana de Él y entender el glorioso futuro que te aguarda.

Jesucristo estableció tres propósitos en sus enseñanzas, a través de las parábolas:

1. Garantizar y probar que Él era el Mesías, cumpliéndose así la profecía en los Salmos.

   ...Todo esto habló Jesús por parábolas a la gente, y sin parábolas no les hablaba; para que se cumpliese lo dicho por el profeta, cuando dijo: Abriré en parábolas mi boca; Declararé cosas escondidas desde la fundación del mundo. Mateo 13:34-35

2. Era la forma que Él tenía para impartir sus enseñanzas para todos sus seguidores. *...El respondiendo, les dijo: Porque a vosotros os es dado saber los misterios del reino de los cielos; mas a ellos no les es dado.* Mateo 13:11

3. Era la forma en que el oyente incrédulo no entendiera la verdad de lo que quería decir. *...Por eso les hablo por parábolas: porque viendo no ven, y oyendo no oyen, ni entienden. De manera que se cumple en ellos la profecía de Isaías, que dijo: De oído oiréis, y no entenderéis; Y viendo veréis, y no percibiréis. Porque el corazón de este pueblo se ha engrosado, Y con los oídos oyen pesadamente, Y han cerrado sus ojos; Para que no vean con los ojos, Y oigan con los oídos, Y con el corazón entiendan, Y se conviertan, Y yo los sane.* Mateo 13:13-15

En todo el evangelio de Mateo, Jesucristo relaciona su ministerio y propósito, con la profecía.

De acuerdo al programa profético de Dios, Él mismo establecerá en la tierra, por medio de su amado Hijo, lo que será la manifestación visible de Su Reino lleno de gloria y justicia.

...Cuando el Hijo del Hombre venga en su gloria, y todos los santos ángeles con él, entonces se sentará en su trono de gloria, y serán reunidas delante de él todas las naciones; y apartará los unos de los otros, como aparta el pastor las ovejas de los cabritos. Y pondrá las ovejas a su derecha, y los cabritos a su izquierda. Entonces el Rey dirá a los de su derecha: Venid, benditos de mi Padre, heredad el reino preparado para vosotros desde la fundación del mundo. Mateo 25:31-34

Por lo cual Dios también le exaltó hasta lo sumo, y le dio un nombre que es sobre todo nombre, para que en el nombre de Jesús se doble toda rodilla de los que están en los cielos, y en la tierra, y debajo de la tierra; y toda lengua confiese que Jesucristo es el Señor, para gloria de Dios Padre. Filipenses 2:9-11

Te encarezco delante de Dios y del Señor Jesucristo, que juzgará a los vivos y a los muertos en su manifestación y en su reino, Y el Señor me librará de toda obra mala, y me preservará para su reino celestial. A él sea gloria por los siglos de los siglos. Amén. 2 Timoteo 4:1,18

El Reino de Dios se establece en la vida de cada uno de los creyentes fieles en Cristo y también en cada lugar donde se proclama y se engrandece Su nombre, cuando en una actitud reverencial y en plena certidumbre de fe, se reconoce Su presencia y poder. Cuando aceptamos a Jesucristo en nuestra vida, debemos estar dispuestos a vivir bajo Su gobierno y señorío. Él tiene que ser el Rey de tu vida por completo.

Es importante que entiendas que la manera de entrar y disfrutar de todo aquello que es parte del Reino de Dios es por medio del nuevo nacimiento, porque nada de lo que el hombre haga con sus fuerzas, intelecto, o capacidades naturales le podrá servir, porque estamos hablando de un Reino espiritual.

...Y dijo: De cierto os digo, que si no os volvéis y os hacéis como niños, no entraréis en el reino de los cielos. Así que, cualquiera que se humille como este niño, ése es el mayor en el reino de los cielos. Mateo 18:3-4

¿Qué es el Evangelio del Reino?

...El tiempo se ha cumplido, y el reino de Dios se ha acercado; arrepentíos y creed en el Evangelio. Marcos 1:15

El evangelio del Reino tiene que ver con lo que el Señor proclamó durante su ministerio aquí en la tierra. Jesucristo dio evidencias del gobierno de

Dios, y estableció los requisitos para entrar en ese Reino. La norma era sencilla: arrepentirse de los pecados y creer en el evangelio.

La Iglesia primitiva proclamó ese mismo evangelio y mensaje que Jesús anuncio, fue confirmado por evidencias notorias. Solo existe un evangelio, el que Jesús proclamó y comisionó a sus propios discípulos con el único propósito que fuera extendido, (por consiguiente fue encomendado a toda su Iglesia).

Pablo estableció un principio importante: *"no recibáis a nadie que trae otro evangelio".*

Hoy se levantan voces muy extrañas queriendo establecer otro evangelio en forma sutil y errada. Pero queremos recalcar que solo hay un evangelio del Reino de Dios, aquel que es proclamado con tenacidad, poder, autoridad, y donde se manifiestan las evidencias que acompañan y confirman ese evangelio con las señales que el mismo Señor Jesucristo declaró.

El Reino de Dios es el poder y autoridad establecido sobre el reino de la tinieblas y el poder de Satanás.

En otras palabras, donde llega el poder del Reino de Dios, allí comienza la desintegración del poder controlador del gobierno de las tinieblas sobre las almas. Llega la liberación, produciendo libertad a los cautivos y oprimidos, sanidad a los enfermos, y milagros para aquellos que están desesperados. También comienza el derramamiento de la unción fresca y gloriosa del Espíritu Santo, produciendo un movimiento de avivamiento.

"Ahora es el juicio de este mundo; ahora el príncipe de este mundo será echado fuera." Juan 12:31.

Como hemos visto anteriormente el Reino de Dios tiene siempre existió y se ha manifestado en movimientos específicos. Hoy en el tiempo presente el Reino de Dios se mueve por medio de su Iglesia trayendo bendición a las vidas y es evidente que esto será hasta el fin de la era de la gracia. El tiempo futuro tiene que ver con la manifestación visible de la Segunda Venida de Jesucristo estableciendo su reino por mil años sobre la tierra. Durante ese periodo será mostrado su gloria y el poder de la extensión de su paz por medio de El, a todas las naciones. Ahí se cumplirá la palabra profética que dice:

"la tierra será llena del conocimiento de Jehová, como las aguas cubren el mar." Isaías 11:9

"Entonces aparecerá la señal del Hijo del Hombre en el cielo; y entonces lamentarán todas las tribus de la tierra, y verán al Hijo del Hombre viniendo sobre las nubes del cielo, con poder y gran gloria." Mateo 24:30

"Entonces verán al Hijo del Hombre, que vendrá en una nube con poder y gran gloria." Lucas 21:27

Características de los que Buscan el Reino de Dios

1. **Buscan** continuamente y en forma perseverante las manifestaciones y señales del Reino de Dios.

2. **Tienen** hambre de la Palabra y sed de Su Espíritu, por lo que Su presencia se manifiesta de continuo.

3. **Entienden** que son las personas valientes y esforzadas las que arrebatan el Reino de los cielos. Ellos están dispuestos, a no tener nada que ver con el pecado, con tal de caminar en la rectitud de la Palabra revelada.

4. **Conocen** que para disfrutar y tener acceso al Reino de los cielos y a todas las bendiciones que le acompañan, hay que pelear la buena batalla de la fe y echar mano a la vida eterna, resistiendo firme todas las asechanzas de Satanás.

5. **Saben** que El Reino de Dios, no es para aquellos que están conformes y estáticos, ni para los que viven descuidados, sino para hombres y mujeres que saben **moverse** y actuar en fe, sin mirar las circunstancias ni las adversidades que le rodean.

Hoy es el tiempo de avanzar proclamando el poder

y autoridad del Reino de Dios, mientras colocas tu mirada en el Autor y Consumador de la Vida, Jesucristo.

"Después que Juan había sido encarcelado, Jesús vino a Galilea proclamando el evangelio de Dios, "y diciendo: El tiempo se ha cumplido y el reino de Dios se ha acercado; arrepentíos y creed en el evangelio." Marcos 1:14-15

Este es el Reino que se debe de acercar a las congregaciones:

▮ *Particulares especiales*

- **Arrepentimiento.** *"y diciendo: El tiempo se ha cumplido y el reino de Dios se ha acercado: arrepentíos y creed en el evangelio." Marcos 1:15*

- **Fe** *"Bienaventurado los pobres en espíritu, pues de ellos es el reino de los cielos." Mateo 5:3*

- **Humildad** *"Bienaventurados aquellos que han sido perseguidos por causa de la justicia, pues de ellos es el reino de los cielos." Mateo 5:10*

- **Sufrir por el evangelio y no por la opresión** *"Cualquiera, pues, que anule uno solo de estos mandamientos, aun de los más pequeños, y así lo enseñe a otros, será* llamado muy pequeño en el reino de los cielos; pero cualquiera que los guarde y los enseñe, este será llamado grande en el reino de los cielos." *Mateo 5:19*

- **Hay niveles de Gloria o de galardón** *"No todo el que me dice: "Señor, Señor", entrara en el reino de los cielos, sino el que hace la voluntad de mi Padre que está en los cielos." Mateo 7:21*

- **Hacer la voluntad de Dios** *"Y os digo que vendrán muchos del oriente y del occidente, y se sentaran a la mesa con Abraham, Isaac y Jacob en el reino de los cielos." Mateo 8:11*

El Reino de los cielos incluye a los gentiles redimidos y a Israel.

- **Jesús derrotará todos los reinos del mundo**

"Después el fin, cuando el entregue el reino al Dios y Padre, cuando ya haya anulado todo principado, autoridad y poder. Porque es necesarios que el reine hasta poner a todos sus enemigos debajo de sus pies" 1 Corintios 15:24-25

"El séptimo ángel toco la trompeta. Y en el cielo se oyeron grandes voces que decían: El reino del mundo ha venido a ser de nuestro Señor y de Cristo, El reinara por los siglos de

los siglos" Apocalipsis 11:15

- **Los verdaderos creyentes reinaran con Jesús en el Reino** *"Al que venza, yo le daré que se siente conmigo en mi trono, así como yo también he vencido y me he sentado con mi Padre en su trono" Apocalipsis 3:21*

■ Hechos Sobre el Reino de Dios

Aquí están algunos otros hechos básicos sobre este Reino:

- **Gobernado por Dios desde Su trono en el cielo** *"Jehová estableció en los cielos su trono, y su reino domina sobre todo." Salmo 103:19*

- **Gobernado por un Rey que es inmutable** *"Jesucristo es el mismo ayer, hoy y por los siglos!" Hebreos 13:8*

- **El Reino de Dios es eterno** *"Para anunciar tus proezas a los hijos del hombre; y la gloria del majestuoso esplendor de tu reino" Salmos 145:13*

   "...reinará sobre la casa de Jacob para siempre, y su reino no tendrá fin." Lucas 1:33

   "Mas del Hijo dice: Tu trono, oh Dios, por el siglo del siglo; Cetro de equidad es el cetro de tu reino.." Hebreos 1:8

"¡Cuán grandes son sus señales, y cuán potentes sus maravillas! Su reino, reino sempiterno, y su señorío de generación en generación..." Daniel 4:3

- **El Reino de Dios no puede ser removido, sacudido o destruido jamás.** *"Así que, recibiendo nosotros un reino inconmovible, tengamos gratitud, y mediante ella sirvamos a Dios agradándole con temor y reverencia." Hebreos 12:28*

- **El Reino fue preparado desde la fundación del mundo.** *"Entonces el Rey dirá a los de su derecha: Venid, benditos de mi Padre, heredad el reino preparado para vosotros desde la fundación del mundo." Mateo 25:34*

- **Dios anhela que heredes su Reino.** *"No temáis, manada pequeña, porque a vuestro Padre la ha placido daros el reino." Lucas 12:32*

  "Yo, pues, os asigno un reino, como mi Padre me lo asignó a mí..." Lucas 22:29

Todos los demás reinos dejaran de ser y solo el Reino de Dios y su Gloria permanecerá para siempre y por siempre.

CAPITULO 13

SEMILLA, COSECHA Y REINO

◾ El Tiempo de la Cosecha

La parábola del grano de mostaza y su tipología. Hay un tiempo de sembrar, otro de regar y finalmente el del crecimiento, para luego llegar al tiempo esperado que es, la cosecha.

"Otra parábola les refirió diciendo el Reino de los cielos es semejante al grano de mostaza que un hombre tomó y sembró en su campo el cual a la verdad es más pequeño que todas las semillas pero cuando ha crecido es la mayor de las hortalizas y se hace árbol de tal manera que vienen las aves del cielo y hacen nidos en sus ramas." Mateo 13:31-32

No tenemos duda que tanto la vida como la reproducción de la cosecha, está en la semilla. Esto es en el ámbito material como en el espiritual. Referente a lo espiritual, Dios deposita la semilla en cada corazón, para que lleve fruto.

Para hablar de lo que tiene relación con el reino de Dios, tenemos que hablar del hombre que salio a sembrar. Estos versículos nos habla que el Reino de los cielos se convierte al tocar la tierra al grano de mostaza, que un hombre tomo y sembró en un campo.

La semilla de mostaza es una de las más pequeñas de la especie de hortalizas pero cuando ha crecido, se hace un árbol gigante de tal manera que las aves del cielo hacen nido en sus ramas. La semilla es sumamente pequeña a penas se ve. El Señor dice que el reino que el va a manifestar (que es la plenitud de la manifestación del poder de Dios) es también comparado a un grano pequeño. Así es la semilla que Dios siembra en el corazón de los hombres y de las mujeres.

Y aunque tu principio haya sido pequeño, Tu postrer estado será muy grande. Job 8:7

Así es en cada creyente; la semilla sembrada en el corazón comienza a dar fruto; el inicio de cada ministerio es pequeño pero por la constancia y la fe llega a ser grande. A veces no se entiende lo que el Señor quiere hacer; por eso la fe siempre debe acompañar cada mínima palabra traída al corazón porque a su tiempo dará el fruto necesario.

Todo principio y toda manifestación del

Reino de Dios comienzan con algo muy pequeño.

¿Qué le sucede al grano de mostaza en lo natural? Cuando comienza a caer la lluvia es regada y nace ia vida. Así es en tu vida, lo que fue depositado como semilla buena, crecerá y dará fruto. Cuando el Espíritu Santo te ministra con su presencia se ensancha el amor para Cristo y poco a poco la revelación se hace más clara en tu corazón. Por eso se debe orar por la lluvia temprana y tardía, porque ella, cae sobre algo lo sembrado y le da el crecimiento. La lluvia que son las bendiciones del Espíritu de Dios va a hacer que la semilla germine para luego producir. El anhelo del Señor es que produzca el 100%.

Ese es uno de los secretos y misterios del Reino; la siembra, el crecimiento, la producción y la cosecha que es el fruto que se recogerá.

La lluvia produce que se abra la semilla que explosione y el crecimiento es de adentro hacia fuera. Esto es lo que Dios nos está diciendo en esta hora, cuando comienza el Dios del cielo a regar sobre una semilla que ha sido sembrada, en cualquier momento comienza a salir el tallo, y cuando el tallo sale, hay una indicación que lo que está saliendo tiene vida.

Nada crece si no tiene vida, la raíz crece interiormente en la tierra de donde recibirá el alimento de la tierra y del agua y a la vez el tallo comienza a crecer y del sol recibirá vida; así se complementa la nueva planta. Lo que nos llena de expectación es cuando la planta comienza a llenarse de flores, que luego brotara la semilla. Cada grano representa un fruto extraordinario.

Esta semilla la cual estamos comparando al Reino crece tan grande que viene a ser el mayor de los árboles de todo el bosque, es frondoso e inmenso. ¿A qué árbol tu te comparas en el reino de Dios? Algunos pensarían en ser bonsái, otros un pequeño arbusto, algunos a un planta con flores, eso no es reino.

Cuando la Biblia se refiere a la semilla de mostaza se está refiriendo a un gran árbol. Porque Dios siempre piensa en grande, El lo va a hacer grandioso, El se va a encargar que lo sembrado comience a germinar, tú no te puedes desanimar ni desalentar, el reporte es bueno y es maravilloso. Dios te va a sorprender porque sus semillas comienzan a explotar hacia fuera porque el riego de Dios está cayendo y cuando la lluvia cae no hay dureza de corazón, no existe tierra estéril que no pueda producir. Esa es su presencia como roció sobre tu vida, es su amor.

Dios ha establecido principios para hacer el proceso efectivo, siembra, crecimiento y cosecha. Repítete a ti mismo; ¡yo si entiendo el secreto de sembrar y de cosechar porque Dios me dice que su Reino comienza como una pequeña semilla de mostaza! Los granos de mostaza no crecen de un día para otro, no se hacen árboles en veinticuatro horas, el proceso toma un tiempo. Así también se compara con la semilla que tu plantes en el reino de Dios crecerá y crecerá, si siembras amor recibirás amor, si siembras generosidad, recogerás generosidad.

No os engañéis; Dios no puede ser burlado: pues todo lo que el hombre sembrare, eso también segará. Gálatas 6:7

La palabra nos dice:

Echa tu pan sobre las aguas; porque después de muchos días lo hallarás. Eclesiastés 11:1

Debes de creer que toda semilla que deposites en buena tierra va a fructificar. No debes tener mentalidad de escasez, miseria o miniatura, al sembrar, debes hacerlo con fe y con esperanza.

Santiago dice: *Y el fruto de justicia se siembra en paz para aquellos que hacen la paz.* Santiago 3:18

◼ *La Enseñanza del Sembrador*

Jesús enseñó acerca del reino en Parábolas a sus discípulos. Aunque muchas veces no entendían luego aparte el Señor Jesús sacaba tiempo para enseñarles y explicarles. En *Mateo 13:3* vemos que el Señor Jesús les habló por parábolas diciendo:

"he aquí el sembrador salió a sembrar y mientras sembraba parte de la semilla cayó junto al camino y vinieron las aves y la comieron, parte cayó en pedregales donde no había mucha tierra y brotó pronto porque no tenía profundidad de tierra pero salido el sol se quemó porque no tenía raíz , se secó y parte, cayó entre espinos y los espinos crecieron y la ahogaron, pero parte cayó en buena tierra y dio fruto cual a ciento por uno cual a sesenta y a treinta por uno".

Primeramente dice, que **salió** el sembrador a sembrar. El verbo salir esta conectado al movimiento y a la acción; salió, camino y accionó con sus manos. Para recibir las bendiciones tienes que salir a buscar las almas al servir al Señor.

Isaías profetiza:

¡Cuán hermosos son sobre los montes los pies del que trae alegres nuevas, del que anuncia la paz, del que trae nuevas del bien, del que publica salvación,

del que dice a Sión: Tu Dios reina! Isaías 52:7

Salir es abrir la puerta e ir afuera, ¿Cómo reclamarás la cosecha si primero no siembras? En el granero se guarda el trigo, es decir, guardar lo que se cosecha. El nivel de expectación de fe de la cosecha es el granero que hay que preparar. Recuerda no toda semilla cayó en buena tierra. De cuatro semillas hubo el resultado de una solamente, la que cayó en buena tierra.

Jesús escogió a sus doce discípulos y sembró la semilla de Dios en ellos y se convirtieron en millones de hombres y mujeres a través de la historia hasta el día de hoy. ¡No te canses de sembrar pues tendrás recompensa! No pares de sembrar porque al hacerlo el ciclo se detiene. Necesitas paciencia para esperar y clamar, para que la preciosa semilla del evangelio germine con efectividad.

El que al viento observa no sembrará y el que mira las nubes no segara, como tú no sabes cuál es el camino del viento o como crecen los huesos en el vientre de la mujer así desconoces el misterio de la semilla, de la siembra y de la cosecha. Eclesiastés 11:4-6

Si miras a tu alrededor, el viento o la sequedad te pueden desanimar, solo

preocúpate para ejercer bien tu llamado de sembrador. ¡Tu destino es asombroso!

No observes las dificultades, no te dejes distraer por el viento contrario al propósito de Dios que viene contra tu vida. ¡Vas a cosechar lo que otros sembraron! por eso el Señor dijo:

La bendición que tenemos en este tiempo profético, es que recogeremos ilimitadamente, lo que muchos por años sembraron.

...Porque en esto es verdadero el dicho: Uno es el que siembra, y otro es el que siega. Yo os he enviado a segar lo que vosotros no labrasteis; otros labraron, y vosotros habéis entrado en sus labores. Juan 4:37-38.

Dios va a dar el privilegio de recoger lo que otros sembraron. Esto es parte del misterio del Reino Dios.

"...Por eso digo que el que siembra escasamente también segará escasamente y que siembra generosamente también segará generosamente". 2 Corintios 9:6.

Es la gracia del Omnipotente que te da la capacidad de recoger en donde estas sembrando.

Dios reveló el Reino como un terreno para sembrar, El te dice: "te doy una semilla como un grano de mostaza" y la deposito en tu vida, tú tienes que creer que eso va a producir, si tu determinas guardar esa semilla, estarás lleno de semillas solamente; pero, sin cosecha. ¡Siembra! y cuando lo hagas, va a comenzar el ciclo de la cosecha. Es mas bienaventurado dar que recibir...porque el dar te da la facultad de multiplicarte, porque das semilla que crecerá y dará su fruto. Mientras que cuando recibes se acaba en tu regazo. Este es el secreto de dar.

El Dios Innovador

Cuando Dios creó las plantas, dijo: cada planta produzca su semilla. Cuando creó al hombre también lo hizo con semilla. Esta semilla lleva vida dentro de ella. Adán no entendía que dentro de él estaban las semillas de multiplicación de Dios. Dios no crea a Eva, Dios le da forma y la saca de Adán. Pero desde el momento en que Adán y Eva caen en desobediencia, comienza a desvirtuarse el plan y propósito de Dios en sus vidas. Jesús el último Adán provee en su muerte y de su costado abierto, vida a su amada Iglesia.

¿De dónde nace la cosecha de la iglesia? De un hombre, Jesucristo es el dueño de la semilla y de la cosecha. Porque El se sembró como semilla y resucitó como cosecha para darnos vida espiritual.

Dentro de lo creado esta la vida de la semilla dentro de ti esta la vida de Jesús, siembra su palabra porque en ella esta el poder de la multiplicación y la vida eterna. Sencillamente lo que tú debes hacer es usar la semilla inteligentemente. Tu vida tiene que tener pasión, para que El haga todo aquello que ha prometido. La pasión tiene que estar dentro de ti y la fe como el grano de mostaza, es el deseo que Dios comience a hacer la obra de multiplicación. En lo económico puedes decir:

"Señor esto es lo que tengo y quiero sembrarlo en tu Reino" y Dios mismo se encarga de multiplicarlo. Sembrando le estas creyendo a Dios y con tu acción estás diciendo:... yo voy a depositar esta semilla, para tu reino.

Cuando tú te ocupas por el Reino de Dios te estás ocupando por lo eterno por lo que nunca dejará de ser.

¡Iglesia ensancha el sitio de tu tienda! y las cortinas de tu habitación, no seas escasa extiéndete, alarga tus tiendas y refuerza tus estacas porque te extenderás a la mano derecha y a la mano izquierda y tu descendencia heredará naciones y habitarás ciudades que han sido asoladas porque yo derramare agua sobre el sequedal y ríos sobre la tierra árida, mi espíritu derramare sobre tu generación y mi bendición sobre tus renuevos y brotaran entre hierbas como sauces junto a las riberas de las aguas, este dirá yo soy Jehová el otro se llamara del nombre de Jacob y otro escribirá con tu mano a Jehová y se apellidará con el nombre de su Dios. Este es el tiempo para ver el fruto de lo que sembraste, si nunca sembraste con esta visión, comienza hacerlo ahora y recibirás las bendiciones de la fructificación. ¡Sigue sembrando! *A su tiempo segaras si no desmayas.*

La unción de multiplicación está en Dios y cuando tu siembras con credibilidad, tu semilla, como esta establecido en la ley de la siembra y la cosecha, se te devolverá bendecido lo sembrado.

> **¡Dios continuará bendiciendo tu vida en la medida que tu continúes dependiendo solo de Él!**

CAPITULO 14

EL PERFIL DE LOS BIENAVENTURADOS

◾ *Las Reglas y los Principios a Seguir*

U n patrón o modelo es un original o prototipo de algo creado con el propósito de la imitación. Es algo que fue diseñado para ser copiado, para multiplicarse o ser imitado. A esto lo podríamos llamar "la matriz." Por ejemplo, el patrón para confeccionar un calzado, es cortado sobre la piel que se va a utilizar, del patrón original se puede hacer muchas replicas. A la vez serán idénticos, porque todos vienen del mismo molde. Jesucristo trajo los patrones que funcionan en el Reino de Dios; el propósito era que este, se reprodujera en muchas replicas. Cada cristiano es un imitador de Cristo.

Un principio es una verdad, un método, o regla adoptada como la base para la acción o conducta.

Es una verdad general compuesta de otras verdades subordinadas. Por ejemplo, la vida de Jesucristo es dada como un patrón o modelo para que los creyentes puedan seguir. Jesús enseñó, predico y puso en acción a través de los milagros y las sanidades sus enseñanzas, para ser ejemplo a seguir.

> **Cuando las personas establecen sus propios modelos de conducta, sus propias reglas sectarias, religiosas, o culturales, establecen una falsa norma de medida.**

Estas normas o "patrones erróneos" empiezan a copiarse también, y se convierten en apostasía o doctrina nuevas Bíblicas que no son nada más que "ideas humanas" que traen confusión y error. Jesús hablo de tales personas diciendo:

"...*en vano me rinden culto, enseñando como doctrina los mandamientos de hombres.*" *Mateo 15:9*

Es importante entender los patrones y principios del Reino cien por ciento en exactitud, sin añadir pensamientos ni sacar las verdades realística del original, tal como se escribieron (aunque no se acepten o no se esté de acuerdo). Sino de otra manera, el trasmitirlo, puede ser en vano poniendo en peligro la veracidad.

Hay muchas normas naturales de medidas.

Hay modelos de conducta y de éxito usados por el mundo secular, y algunos deciden seguirlo. Lo peligroso del caso es que muchos ministros del evangelio, lo introducen en la asamblea de los santos como doctrinas bíblicas mientras siguen siendo desde el inicio, doctrinas de hombres. El Apóstol Pablo escribió:

"Porque no nos atrevemos a contarnos ni a compararnos con algunos que se alaban a sí mismos; pero ellos, midiéndose a sí mismos por sí mismos, y comparándose consigo mismos, no son juiciosos. 2 Corintios 10:12

Si se siguen reglas humanas, se cae en el error de medirse conforme a medidas humanas (nunca son exactas delante de Dios) las comparaciones correctas y exactas son las que se hacen según la medida divina. Las reglas del Reino se deben buscar con prioridad, con atención, sin añadir ni quitar nada. Si se pone atención a las reglas, se recibirán los beneficios correspondientes.

El temor de no ofender a Dios con métodos humanos debe ser la fuente principal juntamente con la reverencia que su santa palabra merece.

■ *Pautas a Seguir*

- La regla **para recibir el perdón** de los pecados, es primeramente que perdonemos a quienes nos han ofendido. Este es un acto reciproco. (Mateo 6:15) Para recibir el perdón de Dios debemos perdonar a nuestros deudores.
- *...Si tenéis algo contra alguien, perdonadle.* Marcos 11:25.
- Este acto es directamente con el Padre celestial, pero se logra, a través del camino que abrió Jesucristo su hijo. Él es el único camino de acceso para llegar al Padre.
- Para **ser grande** en el Reino de Dios primeramente hay que ser humilde. Jesús puso de ejemplo a un niño en medio de ellos. Lo destacado en este ejemplo es; que un niño es confiable y está deseoso siempre para aprender. (simplemente porque es un infante) y el orgullo en él todavía no se ha desarrollado. Jesús amonestó a los que detenían a los niños impidiéndoles que se le acercaran a Él, diciendo:
- *...dejen que los niños vengan a mí, porque...el reino de los cielos pertenece a los que son como ellos.* BJ Mateo 19:13.
- La mayor virtud en el Reino es **la**

humildad porque esta permite siempre reconocer que lo necesitas y que dependes de él en todas las cosas. La soberbia no es parte del Reino. Esta no es parte del carácter de Jesús, ni de Dios. Ni siquiera se ven los ángeles ejercer su autoridad con soberbia. El orgullo manda y domina en el reino de las tinieblas, porque allí se desarrolla junto con la vanidad enlazada con el mal trato y el abuso hacia el prójimo. Jesús dijo :

- *"...bienaventurados los pobres en espíritu, porque de ellos es el reino de los cielos."* Mateo 5:3

- Para entrar en el Reino hay que esforzarse. La puerta es angosta y Jesús dijo:

muchos procuraran entrar...y no podrán. Lucas 13:24.

La palabra "esfuerzo" significa: luchar, competir por un premio, contender con un adversario. El entrar en el Reino y recibir los beneficios del mismo, es una batalla por la fe, que cada uno tiene con esfuerzo librar. La puerta es angosta y hay que entrar con esfuerzo, ¡es una batalla diaria que hay que lograr!

- Para poder entrar en el Reino hay que

contender con un adversario. Para ser parte de todos los beneficios que el Reino de Dios otorga también debes conocer los patrones y reglas a seguir.

¿Cuales son las Funciones de Cada Creyente?

Las funciones son claras y evidentes, ellas se reciben por seguir las normas del Reino. Sin olvidar que la fe es la base que acompaña a cada una de ellas.

"Pero sin fe es imposible agradar a Dios"; Hebreos 11:6.

Las funciones van unidas a:

- **Ser hijos de Dios**. Esto se obtiene por el nuevo nacimiento espiritual. Dios quiere que heredemos su Reino.
- *"...al Padre le ha placido dar el reino, ¿a quiénes? a los pequeñitos. Yo, (Jesús) pues dispongo un reino para vosotros, como mi Padre lo dispuso para mí (Lucas 22:29)."*
- Como resultado de la aceptación del Padre hacia nosotros, nos acepta en el amado para ser hijos, esto nos convierte automáticamente en los verdaderos **herederos de la herencia de Cristo.**

- **¿Cuáles son las reglas?** Las reglas son: ser como Jesús. Aun en el sufrimiento, padecer juntamente con él; es cargar la cruz cada día y seguirle

- *"...Y si hijos, también herederos; herederos de Dios y coherederos con Cristo, si es que padecemos juntamente con él, para que juntamente con él seamos glorificados."* Romanos 8:17.

- *"Hermanos míos amados, oíd: ¿No ha elegido Dios a los pobres de este mundo, para que sean ricos en fe y herederos del reino que ha prometido a los que le aman?"* Santiago 2:5

- Es una pregunta que se contesta a sí misma. ¿Acaso no es más substancial, más gloriosa y más exuberante, la herencia que Jesús nos pueda dar que todas las riquezas de este mundo? Indiscutiblemente que si, y es aceptada por los sabios.

- Está escrito en Apocalipsis: que **nos hizo reyes y sacerdotes** para Dios su Padre. La función del tal, es adorar y servir a Dios; este servicio es compromiso y obediencia. El Apóstol Pedro escribe:

- *"Mas vosotros sois linaje escogido, real sacerdocio, nación santa, pueblo adquirido por Dios, para que anunciéis las virtudes de aquel que os llamó de las* tinieblas a su luz admirable." Pedro 2:9

- Otra función es la ley que garantiza la posibilidad de realizar lo **"imposible."** Esto se hace posible a través de la fe, y esta a la vez va acompañada de la manifestación del Espíritu de Dios. La fe y la confianza son la base para permanecer y recibir los beneficios del Reino. La condición fue dicha por Jesús:

- ..no dudes en tu corazón *Marcos 11:22- 24 "Tened fe en Dios... Los que dudan o son inconstantes en su mente, son comparados a las olas del mar... no piense, quien tal haga, que recibirá cosa alguna del Señor." Santiago 11:7*

- Que maravillosos saber es que el maestro (como comparación ilustrativa) tenía dos grandes corrientes eléctricas el don de la fe y la unción sobre El. Estas corrientes eran tan poderosa como en el día de hoy. La fe en su Nombre y la unción del Espíritu Santo en ti hará que sucedan los milagros. Porque El lo ha prometido.

- *"...y aun mayores harán, porque yo voy al Padre."* Juan 14:12

Las Bienaventuranzas

Durante el transcurso de su ministerio Jesús también enseño las normas de cómo serian los ciudadanos del Reino y sus beneficios. En la primera parte del sermón del monte, Jesús empezó su mensaje con la palabra feliz, que significa bienaventurado.

-¿Quiénes serian felices y capaces de recibir su bendición?

- Los pobres en espíritu
- los que lloran
- los mansos
- los que tienen hambre y sed de justicia
- los misericordiosos
- los limpio de corazón

-¿qué recompensa recibirían todos ellos?

- El Reino de Dios
- el consuelo
- el ser saciados
- ser consolados
- ser llamados hijos de Dios
- y recibir los beneficios espirituales del Reino.

El Reino le pertenece a los que reconocen que lo necesitan a Él

Mateo 5:3 A diferencia con el mundo que ama y honra aquellos que tienen riquezas, Jesús empieza su enseñanza exaltando a los pobres en espíritu. (*Santiago* 2:5 parafraseado)... El mundo exalta a todos aquellos que mantienen una imagen de apariencia, aquellos que mantienen siempre la imagen de auto superación y confianza en sí mismo, pero Jesús aprueba aquellos que comprueban que no tienen ninguna habilidad de salvarse o satisfacer sus necesidades espirituales ni por el esfuerzo de sí mismos.

En el Reino de Dios, las riquezas duraderas son las eternas.

En Mateo 6:19-20 Jesús enfatiza el no atesorar o amontonar riquezas en la tierra. La palabra "tesoro" en griego es [*dsesauros*] que significa: depósito, el lugar donde se guarda las cosas preciosas; cofre. Y viene de la raíz "colocar". Aclarando toda duda a los oyentes cuando dijo:

"...porque donde este vuestro depósito o cofre; (lo que se guarda con empeño o amor) allí estará también tu corazón." Mateo 6: 21

Lo que se guarda con cuidado, es porque se quiere conservar en buen estado. El amor a las riquezas o confiar en ellas es el énfasis que Cristo realza, para que nadie que busca del Reino, caiga en ese engaño.

"...pero los afanes de este siglo, y el engaño de las riquezas, y las codicias de otras cosas, entran y ahogan la palabra, y se hace infructuosa." Marcos 4:19

También el Apóstol Santiago enseña:

"...Hermanos míos amados, oíd: ¿No ha elegido Dios a los pobres de este mundo, para que sean ricos en fe..." Santiago 2:5.

Jesús enseñó, que los bienes personales ni siquiera son para el beneficio personal.

"...al que quiera ponerte a pleito y quitarte la túnica, déjale también la capa; ...Al que te pida, dale; y al que quiera tomar de ti prestado, no se lo rehúses." Mateo 5:40.

Eso muestra que el corazón no debe estar apegado a las cosas materiales, nosotros las usamos a ellas, no ellas nos usan o nos controlan a nosotros.

En el reino de Dios, no se debe tener las cosas desmedidamente, sino ministrar todo bajo la justicia divina. El mundo da énfasis en la confianza en sí mismo, en la auto-expresión, y la auto-superación. Pero Dios aprueba aquellos que son pobres en espíritu, aquellos que comprenden que ellos no tienen ninguna habilidad para salvarse a sí mismos por sus propias obras; satisfacer sus necesidades espirituales, o resolver sus propios dilemas interiores. Sino que Jesucristo el autor de la salvación, es el único por el cual se recibe, libertad, perdón por los actos que los separaba de Dios, y la entrada gratuita a la vida eterna.

Lucas 6:24 dice así:

"...Pero ¡ay de vosotros los ricos! Porque estáis recibiendo vuestro consuelo, Porque confían en algo pasajero que se desvanece y queda sin valor cuando se mueren."

El Reino le pertenece a los mansos

"Bienaventurados los mansos, porque ellos recibirán la tierra por heredad". Mateo 5:5.

En Mateo 11:28-29, Jesús se introduce a sí mismo como manso y humilde de corazón cuando dice:

"Aprended de mí, que soy manso y humilde de corazón."

Él invita a sus seguidores a imitarlo en, su sencillez y humildad. Su otra invitación es a tomar su yugo:

"Tomad sobre vosotros mi yugo y encontraréis reposo para vuestras almas."

El yugo es usado para ayuntar dos bueyes para arar la tierra. Jesús usa ese ejemplo para hacer entender que con Cristo el creyente debe unirse para que el trabajo sea efectivo. Trabajar unido a Él y adoptar su mismo ritmo. Los dos bueyes juntos por el yugo, hace que tiren unidos y al mismo paso. Para tener éxito en la empresa del Reino de Dios debemos estar a la par de Jesucristo, caminar paso a paso con Él.

En el Reino de Dios, el corazón es el centro de la persona, es decir su vida interior y espiritual. Dios habla al corazón del hombre porque es allí donde tiene sus raíces, tanto de su carácter como de su personalidad. Jesús fue manso por excelencia, su mansedumbre se vio visible, cuando entro a Jerusalén en la fiesta de la pascua cumpliendo la profecía de Zacarías 9:9

"He aquí que tu Rey viene a ti, manso y humilde sentado en un pollino."

- También en el Salmo 37:11 (muchos años antes de cumplirse la profecía) David, anunciaba lo mismo...*Pero los mansos heredarán la tierra, Y se recrearán con abundancia de paz.*
- En este Salmo también se promete la tierra, a todos los que confían en el Señor: ...*Porque los malignos serán*

> *destruidos, Pero los que esperan en Jehová, ellos heredarán la tierra. v.9.*

- y por tercera vez, en el verso 29 dice: *...los justos heredaran la tierra y vivirán para siempre sobre ella.*

- La promesa de heredar la "Tierra" en el Antiguo Testamento, se trasponen en el Nuevo testamento a la Vida Eterna, a la Patria celestial, a la casa del Padre, donde tienen su morada definitiva los hijos de Dios. Jesús fue, delante de nosotros para prepararnos un lugar (*Juan 14:2*).

El Reino le pertenece a los misericordiosos

La palabra misericordiosos en griego es [*eleemon*] que significa: compasión activa, compasión hacia los pobres; esta palabra, combina las inclinaciones con la acción.

El Apóstol Pedro exhorta en su carta a:

"sed todos de un mismo sentir, compasivos, amándoos fraternalmente, misericordiosos, amigables; no devolviendo mal por mal, ni maldición por maldición, sino por el contrario, bendiciendo, sabiendo que fuisteis llamados para que heredaseis bendición." La misericordia es, una

condición del hombre interior reformado por Cristo.

> **El hombre natural no puede ser misericordioso por sus propias fuerzas, porque el deseo de independencia esta engendrado en el viejo hombre. La misericordia proviene de Dios**.

En Job 10:12 dice: *"...Vida y misericordia me concediste, Y tu cuidado guardó mi espíritu."*

■ *El Reino le pertenece a los promotores de la paz*

La revolución es el método que usa el mundo para desestabilizar las bases de la sociedad e implantar nuevos métodos. Esta revolución viene con fuerza usando como alternativa el terror y la muerte. Contrariamente a eso, en el Reino de Dios los cambios lo traen los pacificadores. Jesús dijo: *"Bienaventurados los que pacificadores, porque ellos serán llamados hijos de Dios." Mateo 5:9.*

> **Paz no es la ausencia de guerra y disputa. La paz a la que Jesús se refería es un estado de vida; es una conducta interna guiada por el descanso en Dios.**

Jesús dijo:

"La paz os dejo, mi paz os doy. No como el mundo la da, yo os la doy. No se turbe vuestro corazón, ni tenga miedo." Juan 14:27.

La paz es confianza, es credibilidad en el autor y creador de la Paz. Jesús fue profetizado por el profeta Isaías como "Príncipe de Paz", guiador de los verdaderos amadores, no de las contiendas ni de los pleitos sino de la armonía y confraternidad verdadera. La palabra paz en hebreo es [*shalom*] que significa: plenitud, integridad, bienestar, seguridad, descanso, armonía. Su raíz viene del verbo que significa "perfecto, pleno o completo" Paz es mucho más que la ausencia de guerra o conflicto, es Jesucristo mismo, el autor de la paz la plenitud que la humanidad necesita.

▦ *Felices los que sin causa legal son perseguidos*

Este principio del Reino pronuncia bendición sobre aquellos que sufren por una razón específica: *"...por causa de la justicia."* Así lo expresa en Mateo 5:9-12

"...Bienaventurados los que padecen persecución por causa de la justicia, porque de ellos es el reino de los cielos. Bienaventurados sois cuando por mi causa os

vituperen y os persigan, y digan toda clase de mal contra vosotros, mintiendo. Gozaos y alegraos, porque vuestro galardón es grande en los cielos; porque así persiguieron a los profetas que fueron antes de vosotros."

El primer mandamiento en el reino de Dios es:

"amaras al Señor con todo tu corazón, con toda tu alma, y con todas tus fuerzas." Lucas 10:27

Eso nos da a entender que toda la gloria toda la honra se debe al único y sabio Dios. Todos aquellos que son parte del Reino de Dios, tienen un modelo a seguir este es Jesucristo, Señor y Rey. *"Sean prosperados los que te aman."* Salmo 122:6 y todos los que deseen agradarle se levantaran a manera de adoradores en espíritu y en verdad. (Juan 4:23). Esta no es hora de tomar modelos y perfiles humanos, este es el tiempo de poner en alto su nombre, el que lo haga dará testimonio que es ciudadano del Reino más poderoso que existió existe y existirá para siempre; **El Reino de Dios.**

Capitulo 15

El Reino
de Cristo

▮ El Rey Eterno y su Trono

"*P*orque un niño nos es nacido, hijo nos es dado, y el principado sobre su hombro; y se llamará su nombre Admirable, consejero, Dios fuerte, Padre eterno, Príncipe de paz. Lo dilatado de su imperio y la paz no tendrán límite, sobre el trono de David y sobre su reino, disponiéndolo y confirmándolo en juicio y en justicia desde ahora y para siempre. El celo de Jehová de los ejércitos hará esto". Isaías 9:6*

"*Este será grande, y será llamado hijo del Altísimo; y el Señor Dios le dará el trono de David su padre; y reinará sobre la casa de Jacob para siempre y su reino no tendrá fin.*" Lucas 1:32

El que tiene toda la supremacía, el gobierno, la majestad, del Reino de Dios, es Jesucristo el hijo de Dios y Padre. El te quiere hacer parte de su Reino,

> **simplemente porque te amo, te escogió y le ha placido hacerlo, por su soberanía divina.**

A Isaías le fue revelado por el Espíritu de Dios el perfil del Mesías, Príncipe de paz. Esta es una de las profecías mesiánicas más gloriosas. Jesucristo fue llamado para ser heredero, hijo de la casa, con madurez, responsabilidad, obediencia y fidelidad. Dios le honro porque fue fiel para realizar todo por lo cual fue llamado hacer. Antes de ser proclamado Rey, tuvo que pasar por diferentes etapas:

- Nacer en la tierra.
- Escoger a sus 12 discípulos y enseñarles acerca de los misterios del Reino.
- Morir, resucitar y acender al cielo.
- Establecer y manifestar el Reino a través de la Iglesia.
- Regresar por segunda vez a la tierra.
- Reinar sobre Jerusalén como cabeza de las naciones por mil años.
- Entregar el Reino al Padre, para que Él sea todo en todos.
- La creación de nuevos cielos y tierra.

El profeta Isaías declaró casi setecientos años antes de la manifestación visible del Mesías, y que el Padre enviaría en forma humanizada a su Hijo, tomando forma de hombre. Esto es maravilloso, porque si Él no hubiera nacido, nunca hubiera sido "el Hijo del hombre" nacido en carne para perdonar los pecados de su pueblo.

Es asombroso cuando pensamos que Jesús abrió el camino que nosotros después tendríamos que pasar. Jesús es engendrado en el vientre de María; tu debes ser engendrado por el Espíritu de Dios para ser salvo. Jesús nació, (... *niño nos es dado*) cada ciudadano del Reino debe nacer por el Espíritu de Dios. El hijo único y estimado se nos entrega y se hace hombre como nosotros para morir por nosotros. Jesús vino a manifestar lo que su Padre antes de la fundación de la tierra dicto sobre El.

Nació como niño, lo entregó como hijo y resucito como Rey.

Algunas veces se ha llegado a pensar que el evangelio del Reino, es sencillamente como una respuesta a la necesidad espiritual y física, sin entender que el evangelio es más que cubrir una necesidad. Jesús comenzó su ministerio hablando del evangelio del Reino. Después de su resurrección se les apareció y les hablaba del Reino de Dios.

Hoy más que nunca debes de buscar el reino de Dios y su justicia para ser llevado a

un amplio conocimiento de la vida espiritual. Le amaras y le admirarás más de lo que hasta el momento lo habías experimentado.

Siempre ha existido la inmensidad del Dios desde mucho antes de la creación del mundo, su extensión fue y será. (Tu estas como una gota dentro del gran océano). Nuestro Dios, Señor [*Adonai*] y creador de todo, fue, es y será por la eternidad, sin fin. El es omnisapiente, la ciencia, el conocimiento y la verdad permanecerán a través de la prolongación de su trono. Dentro de esa grandeza pensó en ti y eso es maravilloso. Su Reino hoy esta tan real como desde el principio.

"...Desde el principio tú fundaste la tierra, Y los cielos son obra de tus manos. Ellos perecerán, mas tú permanecerás; Y todos ellos como una vestidura se envejecerán; Como un vestido los mudarás, y serán mudados; Pero tú eres el mismo, Y tus años no se acabarán." Salmo 102:25-27

Ahora puedes distinguir mejor la grandeza de su Reino. El trono levantado ayer, esta hoy en medio de ti, y tu a la vez estarás con el, por la eternidad. No hay duda del poderío de Dios a través de la extensión de su Reino .

"...sólo tú eres Dios de todos los reinos de la tierra; tú hiciste los cielos y la tierra." Isaías 37:16.

Todo aquel que indaga y estudia la grandeza del reino de Dios percibe la grandeza no solo del Padre creador de todo, sino de su Cristo, y de su futuro trono. Si tú has experimentado la gloria de Dios no puedes quedar igual. Esta revelación del Reino en lo más profundo de tu corazón, hace que goces un amor más grande hacia Jesucristo el Rey.

....y dijo: Jehová Dios de nuestros padres, ¿no eres tú Dios en los cielos, y tienes dominio sobre todos los reinos de las naciones? ¿No está en tu mano tal fuerza y poder, que no hay quien te resista?
2 Crónicas 20:6.

De la misma forma que no se puede separar; Reino de Rey; reinado de trono, tampoco se puede separar Dios de Cristo; Evangelio de poder de Dios; el creyente de la victoria sobre el pecado.

Este es un tiempo de afirmación, Dios esta probando la fe de cada uno. El conocimiento de su Reino y de su grandeza, ampliara tu prudencia al tomar nuevas decisiones.

El temor de Jehová llenara tu corazón para andar en una vida de santidad y reverencia.

▨ *Rey, Trono y Reino*

Leemos en el pasaje de Apocalipsis 1:5-6 que dice: *Jesucristo testigo fiel, el primogénito de los muertos, el soberano de los reyes de la tierra, el que nos amo y nos lavó de nuestros pecados con su sangre y nos hizo Reyes y sacerdotes para Dios su padre, a Dios sea la gloria el imperio por los siglos de los siglos.*

> Este texto deducido quiere decir: "**El que nos hizo participantes de su Reino y de su sacerdocio**". Dios le dio "domino sobre toda creación", eso quiere decir que nada de lo creado queda fuera de su dominio. Y no se avergüenza de tratarlos como hijos, porque por eso murió, para llevar muchos hijos al Padre.

Porque convenía a aquel por cuya causa son todas las cosas, y por quien todas las cosas subsisten, que habiendo de llevar muchos hijos a la gloria, perfeccionase por aflicciones al autor de la salvación de ellos. Hebreos 2:10

Cuando entiendes que Jesucristo es el Rey y que Él te hizo participante de su Reino, de su sacerdocio (servicio) y de su trono, puedes creer lo que dijo Pablo: "*con Cristo estoy sentado en lugares celestiales.*"

La extensión del trono de Cristo la ha reservado para ti, entonces evidentemente que Cristo es la cabeza de la iglesia y nosotros somos el cuerpo y donde está la cabeza, está sentado el cuerpo, que es la Iglesia ya que no se pueden separar.

"...el Dios del cielo levantará un reino que no será jamás destruido, ni será el reino dejado a otro pueblo; desmenuzará y consumirá a todos estos reinos, pero él permanecerá para siempre." Daniel 2:44

El concepto Rey es totalmente diferente al de salvador, liberador y sanador. Estas son las cualidades del Rey. El es ahora el dueño de todo lo creado y está por encima de todo principado y potestad. Al apóstol Pablo se le revelo el misterio de Cristo por eso escribe así:

"Porque en él fueron creadas todas las cosas, las que hay en los cielos y las que hay en la tierra, visibles e invisibles; sean tronos, sean dominios, sean principados, sean potestades; todo fue creado por medio de él y para él. Y él es antes de todas las cosas, y todas las cosas en él subsisten; y él es la cabeza del cuerpo que es la iglesia, él que es el principio, el primogénito de entre los muertos, para que en todo tenga la preeminencia." Colosenses 1:16-18.

Para entender la dimensión del alcance del Reino, y autoridad que el Padre le entrego a Jesucristo tienes que conocer el misterio del trascendencia que tiene el Rey de los reyes.

▓ *El Padre la ha Dado el Título de Rey*

Lo que da significado a esta verdad declarada, "Rey, trono y Reino" es el título del hijo. El ser Rey es el título que el Padre le confiere al hijo. En el mundo espiritual Dios está comprometido con el hijo y con nadie más.

El Padre ha revelado a través de las escrituras y en el mundo espiritual, el titulo de su propio hijo. Dice Juan en su libro:

"...Escribió también Pilato un título, que puso sobre la cruz, el cual decía: JESUS NAZARENO, REY DE LOS JUDIOS." Juan 19:19

Los judíos no quisieron aceptar al Rey, y menos el titulo que Pilato mando escribir. Pero Jesús es más que "El Rey de los Judíos", Él es el Rey del mundo espiritual, en la tierra y debajo de la tierra. Es el hijo de Dios el que da significado a este Reino, no importa lo que los demás digan o lo que los demás piensen porque la profecía mesiánica dice:

...hijo nos es dado, ese hijo se nos ha sido revelado por el Padre como el Rey de Reyes, no solo como el Señor; sino como el Señor de los Señores.

▓ *Un Hijo Nos es Dado*

Jesús te dice: *yo he venido para revelar todo lo que hay en mi Padre, pero tú no vas a conocer nunca lo que hay en El si primero no recibes al hijo entregado a la humanidad. Todo lo que el Padre tiene es mío, el padre y yo una sola cosa somos, el que me ha visto a mi ha visto al que me ha enviado, el que cree en mi cree en el que me ha enviado, es una forma inseparable de relación.* Sabe porque el Padre nos entrega a su hijo, porque sin Él nunca hubiéramos tenido una revelación y comunión con el Padre.

- **El profeta Isaías lo ve de una forma sufriente.**
- **Pablo lo revela de una forma intensa**
- **Juan lo declara en la Isla de Patmos en la revelación apocalíptica en una forma gloriosa y majestuosa.**

Si el hijo lucha, pelea por los intereses del Padre evidentemente que el Padre va a luchar por los intereses del hijo, se compenetran, se identifican, porque están unidos entrañablemente.

La misma honra que el Padre le da al hijo, el hijo le da al Padre. Entonces el hijo me dice:

"yo te hago participante de mi Reino y de mi sacerdocio, si tú me honras como yo honro a mi Padre." El Padre le contesta: "Si yo me he revelado por medio de mi hijo, mi hijo te va a revelar lo que soy yo como Padre."

Reconocemos a Jesucristo que viene con un título que le confió el Padre cuando exhibió a los principados y las potestades en la cruz del calvario y triunfa sobre ellos. El Padre le dio un nombre que es sobre todo nombre; Él le hizo Rey de Reyes y Señor de Señores.

Cristo es uno solo. Solo Él es dueño y Señor de tu corazón. Por eso debes de orar: Cristo tu eres mi Señor y El te dice: dame tu alma para yo establecer mi voluntad por encima de tu voluntad para yo establecer mi gobierno por encima de tu gobierno, para yo establecer mi gloria por encima de tus debilidades y fracasos, dame tu alma con voluntad, con sentimiento con emociones, dame tu yo, que es tu ser.

Hay personas que son impulsadas por las emociones y los sentimientos entonces dicen: "si me siento bien, adoro a Dios. No me siento bien, no le adoro. Me siento contento, le sirvo, no me siento contento, no le sirvo." No debes permitirle al diablo que juegue con tus sentimientos. Jesucristo es Rey cuando Dios esta gobernando desde el centro de tu corazón.

Cuando yo entiendo que le he entregado, toda mi voluntad, lo que tiene valor no es lo que yo siento o dejo de sentir sino su voluntad perfecta y agradable, que es mi diario culto a Él.

> **Cuando tu permites que Él sea Rey en tu espíritu, alma y cuerpo, se asentará su trono en ti y en toda tu vida se va a manifestar su gloria.**

Entonces tu dirás: No tocaré lo que no me corresponde, no veré lo que no tengo que mirar, no oiré lo que no tengo que escuchar, no entraré a donde no tengo que entrar, porque mi cuerpo sigue las leyes del Reino. El Reino de mi Dios es paz, misericordia, compasión, ternura, bondad, amor, comprensión, paciencia, mansedumbre, bondad, unidad, fe y mas aun, es un Rey, un trono, un Reino. Dios te dice: mi hijo Jesucristo es tu Rey y Él quiere ocupar el trono de tu corazón y manifestar el Reino en ti.

CAPITULO 16

EL REINO DE DIOS
PASADO, PRESENTE Y FUTURO

La Extensión del Reino Desde Adán

"*Tu reino es reino de todos los siglos, Y tu señorío en todas las generaciones.*"
Salmos 145:13

Esto indica que el Reino de Dios es eterno como El es perdurable e imperecedero. Dios siempre ha existido y será. El Reino de Dios preexistió antes que el universo fuera creado y su morada siempre fue el cielo. Cuando Dios creó la tierra, su deseo era que el Reino celestial se extendiera a la tierra.

Jesús les enseñó a orar diciendo:...*Padre nuestro que estás en los cielos, santificado sea tu nombre, venga tu Reino sea hecha tu voluntad en la tierra*"...

Incuestionablemente observamos que siempre estuvo en el corazón del Padre-Dios manifestar su voluntad perfecta y agradable en toda la tierra. Ella es el estrado de sus pies.

En *Mateo 5:34-35* dice: *"...No juréis en ninguna manera; ni por el cielo, porque es el trono de Dios; ni por la tierra, porque es el estrado de sus pies."*

Para llevar a cabo sus propósitos y su plan divino Dios, coloca en el jardín del Edén al hombre y a la mujer. En *Génesis 1:27-28*, dice así:

"...Y creó Dios al hombre a su imagen, a imagen de Dios lo creó; varón y hembra los creó. Y los bendijo Dios, y les dijo: Fructificad y multiplicaos; llenad la tierra, y sojuzgadla, y señoread en los peces del mar, en las aves de los cielos, y en todas las bestias que se mueven sobre la tierra."

Esta creación original de Dios; marcó la extensión de su Reino a todos sus hijos, para que tuvieran dominio sobre la tierra y llegaran a ser herederos de todo. Así lo expresa Mateo el evangelista.

"...Entonces el Rey dirá...heredad el reino preparado para vosotros desde la fundación del mundo." *Mateo 25:34*

Dios no quería que los súbditos de su Reino siguieran las reglas forzosamente. Él le dio al hombre libre elección. Él hizo la ley para el Reino en la tierra y cada ser humano decidiría por si mismo obedecer o no. Esta opción determinaría si el hombre continuaba perteneciendo o no al Reino de Dios. Adán tomo la decisión errada, al desobedecer, por esa causa toda su descendencia, perdería la herencia del Reino.

Debido a su decisión, le alcanzaron maldiciones a la serpiente, a la mujer y a la tierra. (*Génesis 3:14-19*). El hombre perdió el dominio espiritual por eso fue separado de la presencia de Dios. El hombre desaprovechó temporalmente la herencia de la autoridad en el mundo espiritual, y es en ese momento, que Satanás tomo oportunamente el control del alma de los hombres.

Aun en esa hora oscura para Adán vino la promesa de Dios para el futuro de la humanidad: el Adán de Dios traería la presencia otra vez y la comunión; la restauración del poder y la autoridad espiritual sobre principados, tronos y demonios. En esa restauración espiritual, la Iglesia ya goza de ese poder.

La enemistad mas contundente de la antigua serpiente, seria contra la mujer. Porque ella llevaría en el vientre; el fruto esperado. Por eso Dios le sentencia a la serpiente: ...*Y pondré enemistad entre ti y la mujer, y entre tu descendencia y su descendencia; ésta te herirá en la cabeza, y tú le herirás en el talón.* Génesis 3:15.

A través de la muerte de Jesús en la cruz, el hombre puede limpiarse de la desobe-

> **diencia hecha contra la ley de Dios, eso lo lleva a ser parte de el Reino y obtener su herencia legal.**

Indiscutiblemente sabemos que Adán fallo al desobedecer a Dios, y lo que le seguiría como consecuencia de esta situación seria el estar lejos de la presencia de Dios. Adán por sí solo ya no podría lograr la promesa de expansión.

Es por eso que el Padre tiempo después, proveyó el último Adán para consumar la obra iniciada en el Edén (este fue su propio Hijo Jesucristo) para que redimiera a los descendientes de Adán, a los que no solo les prometió ser coherederos de la herencia celestial y gobernar con Cristo, además de todo esto recuperar la autoridad perdida sobre la fuerza del mal. Estos son los escogidos llamados "la novia del cordero", es decir, la Iglesia. Ellos caminan cubiertos con la sangre del cordero de Dios, su testimonio es fiel y verdadero. (... *y ellos le han vencido por el testimonio de la Palabra y la sangre del cordero*).

Padre de Multitudes

Por la desobediencia entro el pecado a la descendencia de Adán y Eva, y a través del pecado de Caín la tierra se convirtió en un caos llena de maldad y perdición. Generaciones mas tarde, Dios manda el diluvio para limpiar la tierra de la abominación de la iniquidad y perversión. Pero el plan de Dios de escoger una nación a través de la cual Él pudiera extender su Reino a lo largo del mundo todavía estaba en pie.

Dios llamo a un hombre para que saliera de sus lomos naciones que se han convertido en multitudes que no pueden ser contadas. Abraham fue el hombre escogido de cual estas grandes naciones nacieran.

Una alianza entre Dios el creador y el hombre comenzó a funcionar (Génesis 12). La nación de Israel fue escogida para un propósito. Ellos no fueron escogidos porque eran mejores que las otras naciones o porque Dios los amaba más, sino que fue una **elección** de compromiso. Esa responsabilidad consistía en conocer a Dios y servirlo. En el Pentateuco se hallan todas las leyes para los residentes de este Reino. Fueron dadas para la nación de Israel, pero pasó a toda la humanidad desde que la gracia fue abierta para todos los que en El creyeran. En los diez mandamientos se esconde la moral y la salud divina para todo hombre terrenal.

"Pero tú, Israel, siervo mío eres; tú, Jacob, a quien yo escogí, descendencia de Abraham mi amigo.

Porque te tomé de los confines de la tierra, y de tierras lejanas te llamé, y te dije: Mi siervo eres tú; te escogí, y no te deseché. No temas, porque yo estoy contigo; no desmayes, porque yo soy tu Dios que te esfuerzo; siempre te ayudaré, siempre te sustentaré con la diestra de mi justicia."
Isaías 41:8-10

El Trono de David

Dios renueva su pacto con David: *"...Hice pacto con mi escogido; Juré a David mi siervo diciendo: Para siempre confirmaré tu descendencia, Y edificaré tu trono por todas las generaciones." Salmo 89:3-4.*

El pacto con David establecía el juramento anterior de Dios y se extendía hacia el futuro. Dios había provisto y escogido al Rey que se sentaría para reinar con justicia a su pueblo.

- *Hallé a David mi siervo; Lo ungí con mi santa unción.*
- *Mi mano estará siempre con él, Mi brazo también lo fortalecerá.*
- *No lo sorprenderá el enemigo, Ni hijo de iniquidad lo quebrantará;*
- *Sino que quebrantaré delante de él a sus enemigos, Y heriré a los que le aborrecen.*
- *Mi verdad y mi misericordia estarán con él, Y en mi nombre será exaltado su poder.*

- *Asimismo pondré su mano sobre el mar, Y sobre los ríos su diestra.*
- *El me clamará: Mi padre eres tú, Mi Dios, y la roca de mi salvación.*
- *Yo también le pondré por primogénito, El más excelso de los reyes de la tierra.*
- *Para siempre le conservaré mi misericordia, Y mi pacto será firme con él.*
- *Pondré su descendencia para siempre,*
- *Y su trono como los días de los cielos.* Salmo 89:20-29

Cuando Dios profetizo esto, estaba mirando mas allá, veía a su hijo amado como el "león de la tribu de Judá" sentado en su trono sempiterno e imperecedero.

David representaba la extensión del Reino en la tierra que se llevara a cabo cuando Jesucristo se siente en el trono de Jerusalén.

Dice en *Daniel 2:44*: "*...Y en los días de estos reyes el Dios del cielo levantará un reino que no será jamás destruido, ni será el reino dejado a otro pueblo; desmenuzará y consumirá a todos estos reinos, pero él permanecerá para siempre.*"

El trono está preparado para el juez justo y

verdadero y Él se sentara y gobernara con justicia:

"Pero se sentará el Juez,..[para] que el reino, y el dominio y la majestad de los reinos debajo de todo el cielo, sea dado al pueblo de los santos del Altísimo, cuyo reino es reino eterno, y todos los dominios le servirán y obedecerán." Daniel 7:26-27

▓ Israel No Estaba Preparado

Las promesas eran maravillosas y grandes pero la nación de Israel una y otra vez le falló en su responsabilidad de extender el Reino. A través de los años repetidamente la nación entera, pecaba de nuevo y se volvía a los dioses falsos. Jehová consideraba a Israel como un huerto cerrado, como una esposa lista para el casamiento, aunque ella fornicaba con los dioses de las otras naciones; olvidándose de su pacto una y otra vez. Se fue tras otros amores dejando al Dios que la había formado. Por eso Dios decide desecharlos y esparcirlos a otras tierras lejanas fuera de Jerusalén.

"...Por tanto, así ha dicho Jehová el Señor: Como la madera de la vid entre los árboles del bosque, la cual di al fuego para que la consumiese, así haré a los moradores de Jerusalén. Y pondré mi rostro contra ellos; aunque del fuego se escaparon, fuego los consumirá; y sabréis que yo soy Jehová, cuando

pusiere mi rostro contra ellos. Y convertiré la tierra
en asolamiento, por cuanto cometieron
prevaricación, dice Jehová el Señor." Ezequiel 15:6-8

Dios compara a Israel como la planta de la vid, que da racimos provechosos y saludables. Israel había sido plantado como una vid fértil y verdadera, escogida para dar el "fruto" para el Reino de Dios. Pero ella se convirtió en vid infértil. Dios dijo finalmente de Israel:

"Te planté de vid escogida, simiente verdadera toda
ella; ¿cómo, pues, te me has vuelto sarmiento de vid
extraña?" Jeremías 2:21.

Debido a su rechazo hacia el Rey del Reino divino, Israel fracasó en cumplir la responsabilidad de llevar a cabo su extensión. Por esta falla, Israel se volvió una nación dividida. Ellos estaban separados dentro de una misma nación en dos reinos, el de Judá y el de Israel. Finalmente las dos naciones fueron conquistadas y llevadas cautivas inicialmente por Babilonia y luego por Persia, Grecia y Roma. Naciones totalmente paganas y gobernadas por otros reyes.

■ *El Reino Presente en el N. Testamento*

Los cambios vinieron cuando el Mesías llegó en su primera visita a la tierra, para anunciar el evangelio del Reino que eran las "buenas nuevas del Reino". Pero esta primera llegada no fue para todos, ni se presento como el anunciado por los profetas para instalar el Reino definitivamente; esta aparición era para iniciar la dispensación de la gracia, el anuncio del Reino a los pueblos y naciones paganas. Por eso era necesario primeramente cumplirse la profecías dadas por el profeta Isaías, (*Isaías 53*) en el cual anunciaba el desprecio y aborrecimiento del Mesías en medio de sus hermanos. Después de la muerte del Mesías vino grande persecución para Israel y comenzó la gran dispersión a otras naciones; a este suceso se le llamo la diáspora.

A pesar del fracaso de Israel, Dios les prometió que en un futuro, en los tiempos finales solo un remanente volvería y seria salvo. Ellos esperaron por un Rey que los liberara del oprobio de las otras naciones, más Dios quería salvarlos de sus pecados. Hasta el día de hoy, ellos están esperando al libertador, el Mesías prometido para ser libres de las amenazas de sus enemigos. Con el único propósito que el Reino que habían perdido, les fuera restaurado nuevamente.

Los Religiosos No Estaban Preparados

La mente de los religiosos Israelitas no estaba preparada para aceptar un Cristo ungido que abriría las puertas del Reino de Dios a los injustos.

Eso nos da una clara idea del ejemplo de David. Cuando fue ungido por el profeta Samuel no necesariamente paso directamente al trono para gobernar a Israel. Paso mucho tiempo desde el acto profético del derramamiento del aceite sobre su cabeza hasta cuando el venció a todos sus enemigos y se pudo sentar literalmente a reinar.

En ese entonces estaba como rey, Saúl, el hombre que el pueblo escogió, no Dios. De esa misma manera el Reino de Dios se acerco a la tierra, pero llegara el día, cuando Jesucristo ponga a todos sus enemigos debajo de sus pies y entonces volverá visiblemente a tomar su ciudad, Jerusalén. Sentándose a gobernar sobre sus enemigos, tal como lo describen las profecías:

"...Pero se sentará el Juez, y le quitarán su dominio para que sea destruido y arruinado hasta el fin, y que el reino, y el dominio y la majestad de los reinos debajo de todo el cielo, sea dado al pueblo de los santos del Altísimo, cuyo reino es reino eterno, y todos los dominios le servirán y obedecerán." Daniel 7:26-27

No estará el rey solo sino que vendrá con sus millares de ángeles.

*"Y le hablarás, diciendo: Así ha hablado Jehová de
los ejércitos, diciendo: He aquí el varón cuyo
nombre es el Renuevo, el cual brotará de sus raíces,
y edificará el templo de Jehová. El edificará el
templo de Jehová, y él llevará gloria, y se sentará y
dominará en su trono, y habrá sacerdote a su lado;
y consejo de paz habrá entre ambos."*
Zacarías 6:12-13

Hay un versículo importante que une los relatos
acerca del Reino de Dios del Antiguo al Nuevo
Testamento y es el siguiente:

*"...La ley y los profetas eran hasta Juan; desde
entonces el reino de Dios es anunciado, y todos se
esfuerzan por entrar en él." Lucas 16:16*

Definitivamente, la ley de Moisés fue dada para ser
cumplida estrictamente. La recompensa en
obedecerla era entrar en los beneficios de las
bendiciones de Dios; pero al desobedecerla se
abrirían puertas de maldiciones y la paga por ello
sería la muerte. Los profetas anunciaron los
acontecimientos directos a Israel de los tiempos
del fin, pasando por alto el periodo de los gentiles.
Dios en su voluntad escondió estos tiempos
actuales y los reservó para todo aquel que cree en
Jesús como su salvador. Pero llegando el tiempo
apareció el precursor que iría delante del Mesías
bautizando para arrepentimiento. Cuando Juan

Bautista alzó su voz en el desierto de Judea y anunció, "**El *Reino de los Cielos se ha acercado*,**" él usó las palabras comunes en sus días. Estos mensajes fueron comprendidos por la nación de Israel, pues la esperanza del Reino prometido y su Rey ardía en el corazón de cada judío:

> *"En aquellos días vino Juan el Bautista predicando en el desierto de Judea, y diciendo: Arrepentíos, porque el reino de los cielos se ha acercado. Pues éste es aquel de quien habló el profeta Isaías, cuando dijo: Voz del que clama en el desierto: Preparad el camino del Señor, Enderezad sus sendas." Mateo 3:1-3*

Juan el Bautista anunciaba los cambios no solo para el pueblo que andaba sin luz, sino para el mundo, una vez que la cruz fuera levantada y se cumpliera así la profecía de Dios sobre el cordero de Dios que venía a quitar el pecado del mundo.

En el Nuevo Testamento, Dios seleccionó a la Iglesia aquellos que reciben y responden al Evangelio como el cuerpo corporativo a través de quienes el Reino será extendido. Después de la ascensión de Cristo, Pedro con las llaves del Reino abrió la puerta de este a los gentiles. El Apóstol Pablo, también fue escogido por Dios para llevar el evangelio del Reino a los gentiles, y quien escribió estas palabras:

"... A mí, que soy menos que el más pequeño de

todos los santos, me fue dada esta gracia de anunciar entre los gentiles el evangelio de las inescrutables riquezas de Cristo, Efesios 3:8"

El Reino fue preparado para el hombre por Dios desde la fundación del mundo. La Iglesia ha sido escogida por Dios para revelar este misterio del Reino a las naciones del mundo.

A través de ella, el propósito eterno de Dios se logrará:

"...Él nos ha dado a conocer el misterio de su voluntad, según el beneplácito que se propuso en Cristo, a manera de plan para el cumplimiento de los tiempos: que en Cristo sean reunidas bajo una cabeza todas las cosas, tanto las que están en los cielos como las que están en la tierra." Efesios 1:9-10. La Iglesia es el cuerpo corporativo visible a través de quien el Reino de Dios será extendido a lo largo del mundo. Es la organización local, visible y compuesta de individuos que han aceptado entrar en este Reino y caminan conforma a la voluntad del mismo.

La Iglesia es el cuerpo de Cristo y El es Su cabeza.

Jesús le dejó la gran responsabilidad a la iglesia de

seguir formando discípulos, no solo creyentes sino hombres y mujeres activos dentro del Reino no importando la lengua, la raza o el color. Esa es la misión de la Iglesia actual:

"...Y les dijo: Id por todo el mundo y predicad el evangelio a toda criatura." Marcos 16:15.

Él equipó a los fieles con poder para ejecutar la tarea:

"...Pero recibiréis poder cuando el Espíritu Santo haya venido sobre vosotros, y me seréis testigos en Jerusalén, en toda Judea, en Samaria y hasta lo último de la tierra." Hechos 1:8

El Reino de Dios está en cada uno

Jesús enseñó que *"el Reino de Dios está dentro de cada uno"*, es decir, dónde el Rey está y donde Su gobierno es reconocido, allí esta existiendo su Reino.

> **El Reino de Dios es la esfera del gobierno de Dios.**

Ahora bien, el hombre natural no nacido de nuevo se mantiene bajo la influencia del reino de las tinieblas. Pero Dios no ha abandonado Su soberanía como el Rey ante la rebelión del hombre. Él ha declarado Su propósito para establecerlo:

"...Y en los días de estos reyes el Dios del cielo levantará un reino que no será jamás destruido, ni será el reino dejado a otro pueblo; desmenuzará y consumirá a todos estos reinos, pero él permanecerá para siempre." Daniel 2:44.

El Reino de Dios también está aquí. No es algo en el futuro que nosotros no podemos saber hasta que se establezca visiblemente al final de los tiempos prometidos. El gobierno del Rey se reconoce presentemente en los corazones de los creyentes individualmente, se reconoce en la verdadera Iglesia de Jesucristo. El Reino está presente dondequiera que haya personas que aman a Dios e indiscutiblemente han adquirido los principios del Reino como su estilo de vida, y reconocido el reinado del Señor Jesucristo como Señor y Dios de sus vidas. En una oportunidad enseñando Jesús en privado a sus discípulos les dice:

que el Reino es ahora un "misterio". (Marcos 4:11).

El Reino presente, sólo puede ser discernido sobre la tierra espiritualmente. Jesús ha sido establecido pero no todavía visiblemente, como el ejemplo de David. El presente Reino visible de Dios se mueve en el ámbito espiritual y sigue tan poderoso como en el principio. Jesús está sentado al lado del Padre, pero escrito esta, que por la fe habita corporalmente dentro de cada creyente, como su templo santo.

"¿No sabéis que sois templo de Dios, y que el Espíritu de Dios mora en vosotros? Si alguno destruyere el templo de Dios, Dios le destruirá a él; porque el templo de Dios, el cual sois vosotros, santo es." 1 Corintios 3:16-17.

Hay un templo vivo en la tierra y lo componen el cuerpo de los creyentes que viven haciendo la voluntad de Dios en la tierra.

Jesús anunció su próxima venida a la tierra.

Los discípulos esperaban que Jesús estableciese el "Reino venidero". Cuando Jesús es arrestado y muerto en la cruz, su esperanza quedo perdida; era un tiempo de cambios y de gran tribulación. Después de su resurrección su esperanza nuevamente se reavivó. En el periodo de tiempo entre la resurrección y su ascensión al Cielo, Jesús habló muchas cosas referente al Reino. Esto incitó a los discípulos a preguntar:

"...Señor, ¿restituirás el reino a Israel en este tiempo? Jesús les respondió: A vosotros no os toca saber ni los tiempos [crono] ni las sazones [kairos]

que el Padre dispuso por su propia autoridad."
Hechos 1:6-7.

Tanto el tiempo [*crono*] como el [*kairos*] es una medida de espacio que El se ha reservado para sí mismo. Jesús se refirió a los fariseos, que el Reino de Dios no vendría con evidencia ocular o advertencia porque el Reino de Dios estaba entre ellos. Pero también les explico que el día que volviera lo haría como un relámpago, de sorpresa, tomando a la gente desapercibida.

La segunda venida visible de Cristo marcara parte de este establecimiento glorioso en la tierra; definitivamente para la Iglesia será la victoria triunfante, para Israel el gran avivamiento y despertar, para los reinos de la tierra la gran caída y para los que pelearon contra Jerusalén la aniquilación total.

"...Y acontecerá que en ese día no habrá luz clara, ni oscura...pero sucederá que al caer la tarde habrá luz. ...Y Jehová será rey sobre toda la tierra. En aquel día Jehová será uno, y uno su nombre...Y morarán en ella, y no habrá nunca más maldición, sino que Jerusalén será habitada confiadamente. Y esta será la plaga con que herirá Jehová a todos los pueblos que pelearon contra Jerusalén."
Zacarías 14:6-15.

El Reino de Dios se establecerá en su forma visible:

"Entonces le fue dado el dominio, la majestad y la realeza. Todos los pueblos, naciones y lenguas le servían. Su dominio es dominio eterno, que no se acabará; y su reino, uno que no será destruido." Daniel 7:14.

Los vencedores reinaran con Jesús y estarán sentados en tronos juntamente con El.

"Al que venza, yo le daré que se siente conmigo en mi trono; así como yo también he vencido y me he sentado con mi Padre en su trono." Apocalipsis 3:21.

Todos le adoraran y las naciones le traerán las riquezas a sus pies, y reinara y traerá justicia y paz sobre la tierra. Después de gobernar el tiempo señalado, Jesucristo le entregara al Padre el Reino dándole la gloria y la honra solo a Dios.

"...Después el fin, cuando él entregue el reino al Dios y Padre, cuando ya haya anulado todo principado, autoridad y poder. Porque es necesario que él reine hasta que ponga a todos sus enemigos debajo de su pie." 1 Corintios 15:24-25

▓ *Características del Milenio de Cristo*

- El milenio de Cristo será un periodo de paz

sobre la tierra como nunca antes ha existido. Jesucristo fue llamado "Príncipe de Paz", mientras que el príncipe de las tinieblas por años ha traído caos y oscuridad a los hombres.

"Amados, ahora somos hijos de Dios, y aún no se ha manifestado lo que hemos de ser; pero sabemos que cuando él se manifieste, seremos semejantes a él, porque le veremos tal como él es." 1 de Juan 3:2

- **Será un periodo de amor**, sanidad completa y hermandad. Las bestias salvajes se ajustaran a su amor y la naturaleza entera vivirá en armonía. Volverá a florecer la imagen del Edén. Aunque pocos versículos están escritos para definir la vida en el milenio, si se dice que un niño jugara con la serpiente y no será dañado, que el león comerá paja y podrá convivir juntamente con la oveja sin perjudicarla. La ira, rabia y el descontrol feroz, desaparecerá y la naturaleza entera vivirá en fraternidad.

"...El lobo y el cordero serán apacentados juntos, y el león comerá paja como el buey; y el polvo será el alimento de la serpiente. No afligirán, ni harán mal en todo mi santo monte, dijo Jehová." Isaías 65:25.

- **No habrá guerra** porque dice que todos los instrumentos de guerra serán cambiados por herramientas de trabajo del campo.

"...Y juzgará entre las naciones, y reprenderá a muchos pueblos; y volverán sus espadas en rejas de arado, y sus lanzas en hoces; no alzará espada nación contra nación, ni se adiestrarán más para la guerra." Isaías 2:4

- **Cada uno tendrá su propia parcela** y tendrán el fruto de las hortalizas y árboles para comer, nadie tendrá temor que le roben porque se vivirá seguro. Habrá un conocimiento total de Dios y de su voluntad, porque la tierra será llena de Su gloria como las aguas cubren el mar. Jesucristo demostrará como hubiera sido la tierra desde un principio antes que la desobediencia no hubiera entrado a través del hombre. Habrá un gobierno universal y el Rey de Reyes será exaltado sobre todos.

- **La naciones vendrán y le traerán las riquezas al Rey Jesús.**

"...Y Judá también peleará en Jerusalén. Y serán reunidas las riquezas de todas las naciones de alrededor: oro y plata, y ropas de vestir, en gran abundancia." Zacarias 14:14

"...Y las naciones que hubieren sido salvas andarán a la luz de ella; y los reyes de la tierra traerán su gloria y honor a ella." Apocalipsis 21:23

▰ *Jesucristo le Entrega el Reino al Padre*

¡Maravilloso el final! ...*Pero luego que todas las cosas le estén sujetas, entonces también el Hijo mismo se sujetará al que le sujetó a él todas las cosas, para que Dios sea todo y en todos.* Por eso será necesario que se haga todo nuevo en nuestro universo y dentro del mismo, esta nuestra galaxia y la tierra. "*...Luego el fin, cuando entregue el reino al Dios y Padre, cuando haya suprimido todo dominio, toda autoridad y potencia.*" 1 Corintios 15:24

Habrá un nuevo cielo y una nueva tierra.

Juan pudo ver en visión la NUEVA JERUSALEM descendiendo del cielo ataviada como una novia... "*Vi un cielo nuevo y una tierra nueva; porque el primer cielo y la primera tierra pasaron, y el mar ya no existía más. Y yo Juan vi la santa ciudad, la nueva Jerusalén, descender del cielo, de Dios, dispuesta como una esposa ataviada para su marido. Y oí una gran voz del cielo que decía: He aquí el tabernáculo de Dios con los hombres, y él morará con ellos; y ellos serán su pueblo, y Dios mismo estará con ellos como su Dios.*" Apocalipsis 21:1-3

Nada se puede añadir de lo que está escrito en *Apocalipsis 21 y 22.* Jerusalén será el trono del Señor, y todas las naciones se allegarán a él: "*...En* *aquel tiempo a Jerusalén le llamarán Trono de Jehová. Todas las naciones se congregarán en Jerusalén por causa del nombre de Jehová, y no andarán más según la dureza de su malvado corazón." Jeremías 3:17.*

Recuerda que solo el Reino de Dios permanecerá para siempre.

BIBLIOGRAFÍA

Biblia de Estudio Arco Iris. Versión Reina-Valera, Revisión 1960, Texto bíblico copyright© 1960, Sociedades Bíblicas en América Latina, Nashville, Tennessee, ISBN:1-55819-555-6.

Biblia Plenitud. Versión Reina-Valera, Revisión 1960, ISBN: 089922279X, Editorial Caribe, Miami, Florida.

El texto bíblico ha sido tomado de la versión Reina Valera © **Reina-Valera 1960** Sociedades Bíblicas en América Latina; © renovado 1988 Sociedades Bíblicas Unidas. Utilizado con permiso.

Concordancia Exhaustiva de la Biblia. Strong. 2002 Editorial Caribe, Inc. Una división de Thomas Nelson, Inc. Nashville, TN.- Miami, FL. ISBN: 0-89922-382-6

Vine, W.E. Diccionario Expositivo de las Palabras del Antiguo Testamento y Nuevo Testamento. Editorial Caribe, Inc./División Thomas Nelson, Inc., Nashville, TN. ISBN: 0-89922-495-4, 1999.

Biblia de Estudio MacArthur, Versión Reina-Valera 1960 Copyright © 2004 Editorial Portavoz, filial de Kregel Publications, Grand Rapids, MI. ISBN: 08254-1532-2 (original The MacArthur Study Bible, © 1997 Word Publishing, Thomas Nelson, Inc. Nashville

Tennessee.)

Wikipedia: The Free Encyclopedia. Wikimedia Foundation Inc. Updated 22 July 2004, 10:55 UTC. Encyclopedia on-line.

Biblia Nueva Traducción Viviente Versión Expolit 2010. Wheaton, IL: Tyndale House, 2010.

Larousse Gran Diccionario Usual de la Lengua Española. www.diccionarios.com 2010

E-Sword. Rick Meyers. 2010. www.e-sword.net

Blue Letter Bible. www.blueletterbible.org 2010

5973651R0

Made in the USA
Charleston, SC
28 August 2010